国家出版基金项目
NATIONAL PUBLICATION FOUNDATION

戴裔煊◎著

干蘭——西南中國原始住宅的研究

山西出版傳媒集團
山西人民出版社

圖書在版編目(CIP)數據

干蘭——西南中國原始住宅的研究 / 戴裔煊著. —太原：山西人民出版社，2014.12
(近代名家散佚學術著作叢刊 / 許嘉璐主編)
ISBN 978-7-203-08777-9

Ⅰ. ①干… Ⅱ. ①戴… Ⅲ. ①居住遺址－研究－西南地區 Ⅳ. ①K878.34

中國版本圖書館 CIP 數據核字(2014)第 234713 號

干蘭——西南中國原始住宅的研究

主　　編　許嘉璐
著　　者　戴裔煊
責任編輯　張文穎

出 版 者　山西出版傳媒集團·山西人民出版社
地　　址　太原市建設南路 21 號
郵　　編　030012
發行營銷　0351－4922220　4955996　4956039
　　　　　0351－4922127(傳真)　4956038(郵購)
E－mail　sxskcb@163.com　發行部
　　　　　sxskcb@126.com　總編室
網　　址　www.sxskcb.com

經 銷 者　山西出版傳媒集團·山西人民出版社
承 印 廠　山西出版傳媒集團·山西人民印刷有限責任公司

開　　本　700mm×970mm　1/16
印　　張　6.5
字　　數　73千字
印　　數　1—3000冊
版　　次　2014年12月　第1版
印　　次　2014年12月　第1次印刷
書　　號　ISBN 978-7-203-08777-9
定　　價　14.00圓

《近代名家散佚學術著作叢刊》編委會

出版説明

近代名家散佚學術著作叢刊選取一九四九年以後未再刊行之近代名家學術著作共一百二十册，編例如次：

一、本叢書遴選之著作在相關學術領域具有一定的代表性，在學術研究方向、方法上獨具特色。

二、爲避免重新排印時出錯，本叢書原本原貌影印出版。影印之底本皆經專家組審定，原書字體大小，排版格式均未做大的改變，原書之序言、附注皆予保留。

三、本叢書分爲八大類，以作者生卒年編次。

四、爲使叢書體例一致，本叢書前言後記均采用繁體字排版。

五、個別頁碼較少的版本，爲方便裝幀和閱讀，進行了合訂。

六、少數學術著作原書内容有個別破損之處，編者以不改變版本内容爲前提，部分進行修補，難以修復之處保留缺損原狀。

七、原版書中個別錯訛之處，皆照原樣影印，未做修改。

八、所選版本之抽印本頁碼標注，起始至所終頁碼均照原樣影印，未重新編排標注新頁碼。

由於叢書規模較大，不足之處，殷切期待方家指正。

總序／披沙瀝金，以爲鏡鑒

◇許嘉璐

多年來有一個問題始終在我腦中盤桓：爲什麼在十九世紀末到二十世紀初，在短短的幾十年裏，中國的各個學術領域竟涌現了那麼多大師級的人物？這是中國近代史上一個極爲重要的現象，我認爲，如果不能給出令人滿意的答案，我們撰寫的近代學術史將是不完整的，甚至是缺乏靈魂的。後來我知道，著名人類學家克羅伯曾提出過一個問題：爲什麼天才成群地來？看來這種現象的出現並非中國所獨有，思考其所以然的也大有人在。而在那一次世紀之交中國的情況，似乎應驗了「天才成群地來」這個令克氏久久不解的疑問。錢學森先生曾從相反的方向提出了相同的疑問：爲什麼我們這個時代出現不了杰出人才？後來人們稱這個問題爲「錢學森之謎」。

要回答這些疑問不是件容易的事。與其迅速地囫圇地探尋，不如先多了解那些讓中國近代學術（應該包括人文科學和自然科學）史上閃耀着光輝的大師們的作品和自述，從而在腦海里盡量「復原」他們所處的環境和在那種環境下的心理路徑，從中或許可以得到一些啓示。

有一點是顯然的，這就是他們雖然都已遠離塵世而去，但是他們獨立思考的品性、求知治學的真誠、困厄窮愁中對節操的堅守，恐怕是他們共同的主觀因素，一直影響到現在，而且將會永遠留存下去。

就思想界、學術界而言，二十世紀上半葉是一個新説和舊説碰撞，中學和西學融匯的大時代。那時的學人極爲重視言行操守，同時具備現代知識分子的理想信念；他們的學術研究十分純净，絶少功利因素；他們的視界開闊，以包容的心態和嚴謹的風格造就了成果的大氣與厚重。至於在客觀因素一面，他們實際是在用工業化時代的事實解說着太史公所說的名山之作「大抵聖賢發憤之所爲作」，困厄苦難使得他們「皆意有所鬱結」。這種鬱結，幾乎和個人的名利毫無牽涉，他們永遠不能釋懷的，是民族的存亡、國運的興衰、民衆的福禍和文脈的續斷。

那個時代也是近代歷史上最大規模的中西古今學術調適、創新的時期，學術方法上的交互滲透和融合、創新亦可謂「於斯爲盛」。斯時之學人是要在封閉的屋牆上鑿出窗子的勇士，是使人能夠看看外部世界的第一批導夫先路者；或者可以說，他們是在「意有所鬱結」時「彷徨」和「吶喊」的「狂人」。

相對於那時的哲人們，後來者是幸運兒。現在的形勢是，近三十年來學界空前繁榮，衆多學科有了長足之進，其中很重要的一點是學界有了更新穎、更廣闊的國際視野，似乎接續上了百年前的學壇盛事。但細想想，「古」與「今」還是有差別的。其异，主要不在於世界情勢、學術進展、工具改善這些客觀存在，而在於在廣泛吸收各國優長的同時，自身文化的主體性越來越受到重視，換言之，「拿來主義」已經延長了「拿來」的程序，加上了試用、甄別、篩選、吸收、融合、成長。就我孤陋所見，在當今地球上，面向所有異質文明，努力汲取我之所缺，其範圍之大和心態之切，似乎無出中國之右者。從這個角度說，我們已經超越了前輩。但是事情還有另外一面，學術，特別是人文學科，其職業化、「沙龍化」和功利性，以及隨之而來的浮躁病却嚴重了。從這個角度說，是不是我們已經後退得够可以的了？而這是不是我們這個時代出不了大師的原因之一呢？

民國學術界的特點之一是極爲注重對傳統的反省、批判與繼承。他們對傳統文化盡最大的努力進行整理和研究。一方面，由於戰亂頻仍，民不聊生，學者們擔起了讓中華文化薪火相傳的歷史責任；另一方面，他們要通過對中國傳統文化的整理、挖掘來重振民族自信心。這一時期對傳統文化進行整理的全面而深入是前所未有的，舉凡文字學、語言學、經濟學、法學、哲學、政治制度、書法繪畫、金石學……規模之宏大，研究之精微，令人嘆爲觀止。

民國學術推動了現代學科體系的建立。在對傳統文化整理和研究的基礎上，吸收西方的文化思想和理念，推動和建立了中國現代學科體系。例如，在對語言文字和音韻學成果進行整理、研究的基礎上開始着手規範之，建立了國語學；深入研究書法、國畫，將其融入了現代美術學科；在廢除舊有學制後逐步建立起小、中、大學較完整的科目和學科體系。

民國學術也改變了傳統學術方式，建立了新的研究範式。以現代科學考古爲發端，科研的實踐和成果使中國知識界真正認識到在實驗、比較基礎上的邏輯分析對學術研究的重要，推進了中國學術的一大演變。至於我們常説的打破士大夫傳統、走出書齋到田野鄉村和市民中進行調查研究、結束了經學時代、以歷史眼光檢視儒學和諸子等等，都是確立新學術範式的努力。這一轉變，也標誌着中國學術界脱胎换骨，全面進入了現代，爲此後的學術發展奠定了堅實的基礎。當然，西方啓蒙運動以來，在「現代性」和「現代化」裏潛伏着的缺陷和謬誤也傳到了中國，這些不能不在前哲的著作裏留下痕迹。這並不奇怪。類似的情況，古往今來孰能免之？猶如今天的我們，誰敢自稱我之所見就是永恒的真理？在這個問題上兩個時代所異者，或許就在昔時大家創立新説或譯註西學著作，往往是懷着對學術和前哲的敬畏而爲之，故而常常誤不在我；當今則往往出於對學問和他人的輕蔑，或以所研究的對象爲謀己的工具，因而難辭主觀之咎吧。翻閲他們的心血之作，這些復雜的狀況可以顯見，可以視之爲我們的一面鏡子。

滄海桑田，世事變幻，歷史的動盪和時代的遮蔽，使當年許多大師的一些極有價值的學術著作被棄於故紙堆中，不能不令人有遺珠之憾。爲此，山西人民出版社不惜以數年之艱辛，披沙瀝金，編輯出版這套近代名家散佚學術著作叢刊，凡一百二十册，計文學、史學、政治與法律、美學與文藝理論、民族風俗、宗教與哲學、經濟、語言文獻共八大類別。所選皆爲作者之純學術著作，無論是其見解、精神，抑或是其時代烙印，都是後輩學人可資借鑒的寶貴財富。他們出版這套叢書，意在讓世人不忘來程，知篳路藍縷之不易，爲民族文化的傳承再增薪木。

出版社的初衷，與我近年來所思所慮近似，故願略述淺見於書端，以與策劃者、編輯者和讀者共勉。

二〇一四年七月六日

改定於自安東回京途中

前言／「风俗扫地伤王化，谁正人伦大雅！」

◇許石林

前人欲治天下者，必先視乎風俗，蓋風俗所在，如是則宜，非是則不便。荀子曰：「入境，觀其風俗。」蓋觀風俗以知人心，因其所宜以制禮作樂、立典明法，以期使千差萬別之原生態風俗，得以優化、矯正、改良而趨於均一。而均一之法，所謂「移風易俗，莫善於樂」，以文化野——數千年歷史，雖歷經朝代更迭、戰亂波折，文明陵夷而能頑韌修復與振起者，正因爲風俗矯正、改良從未停歇，此正是「文化」的過程。即均一之最終結果雖數千年而未實現，但均一的過程卻從未停止。

風俗於天下安定、黎民富寧可謂至關重要，「治隆於上而俗美於下」，可以説是歷代中國讀書人的理想。考諸往史，自周秦以降，賢士大夫，皆知敦教化、厚風俗之重要，並以此爲己任。做官爲政，也必以淳厚風俗爲指歸，此抱本也；而今日世界各國，無不導民以利，以經濟指標考察政績，此誠逐末也。

前人對於風俗的理解，千年之下，基本相同。宋人蘇軾有云：「國家之所以存亡者，在道德之深淺，不在乎强與弱；歷數之所以長短者，在風俗之薄厚，不在乎富與貧。」清人顧亭林以爲，蘇軾的話是從古至今，最爲「深切」的「根本之言」。

顧炎武自己對風俗的理解，也是「根本之言」：「風俗者，天下之大事。朝廷有教化，則士人有廉耻；士人有廉耻，則天下有風俗。」他這種以天下爲己任的擔當意識和責任感，將賢士大夫即社會精英的「士風」，放在了擔負天下移風易俗重任的重要位置上。

然而歷代士人對風俗關注的焦點，却有差別，這本身也恰恰構成了各個時期風俗的重要內容。即以清末民初至一九四九年時期與今日民俗學大略印象比較而言，彼時的學人，正如許嘉璐先生所言，「（彼時）正是中國社會極度動盪的時期。尤其是日本帝國主義的侵略，把中國直接推向了生死存亡的關頭。即使如此，係統清理民國學術成果將會發現，中國學術研究不僅沒有因此停步不前，反而碩果纍纍，成就巨大。民國學人在極其艱難的環境下，堅守中國的學術命脈，同時也是堅守着中國文化的命脈。」

而今日之風俗學，可能由於新的學術研究的切割法，多畫地爲牢，分塊處理，破碎害道。故今人論風俗，鮮有前人之宏闊胸襟，多退縮到現代意義上的民俗與民間文學之類，即便有所發現查獲，却無前人熱切地以資當下與未來政治的熱忱，故格局明顯狹小，淪爲供旅遊者攫取談資和獵奇的工具。更有甚者，若研究者價值觀被扭曲，則視舊的一切爲應當革除者，其所研究的結果，字裏行間必然流露出對舊風俗的警惕與謹慎、厭惡與拋棄的思想，如此，則其所知越多，對國故的殺傷越大。

基於此，近代名家散佚學術著作叢刊·民族風俗卷所搜集的民國學人的著作，皆當時士人學者發自於整理通鑑以期資治的用心，冀其所著述能有裨益於國家未來，孜孜矻矻，搜求剔爬，鈎稽考證，網羅歸納。其發願之宏大，足以令今人肅然起敬。而其學養之深厚淵雅，表述之明敏雋永，詞采燦然，亦令人愛賞不已。

撫卷讀之，神馳思飛，感慨萬端：此又民國之士風也。

余承蒙错愛，忝爲「民族風俗」卷主編，自知失學無才，惶恐愧疚不已，豈敢妄言爲先賢序而着糞於佛首！焚沐捧讀，崇仰之情日滋日長。正如史前時期之西北著者裴文中先生在自己著作前所道，不敢言

「序」，惟有「感言」似乎不可欠缺。余雖愚魯淺陋，亦勉爲感言。所感者有三：

清末民初至一九四九年期間，西學東漸，風俗地理學研究，遂有了新方法。前人礙於工具等諸條件所制約，疏於田野調查之故，或許有過於粗略概括之處，得到了落實細化和實地考察的推進。當時的學者在詳細考證、小心發現後，不僅得出結論。更爲可貴者，將學術研究結果，與現實社會之間打通，讓風俗中的可資當下政治汲取的養分，充盈到現實中來，即向當局提出建議，給人以啓迪。從中可看出，作者没有遭受某種政治意識形態的干擾，有些結論和建議，與現代社會的種種法律、政治理念是相牾的，有的甚至是「向後看」的，但「向後看」的目的卻無疑是意在有利於向前走。也正因如此，反而能自由地向政治提供可資選擇與利用的思想資源。如干蘭——西南中國原始住宅的研究的作者，從建築樣式的歷史演變，得出兩廣及西南雲貴地區，文化上以夏變夷的漫長而平和的過程，令人頗受啓迪。回顧那一段學術史可知，不惟當時的政府力量給予學者以思想學術自由的空間，世俗民間風氣、民衆心態也給學者充分的思想考察的自由空間。此不由人不思忖：蓋思想空間越自由，則學術研究越有生機。此一也。

那一代學人，不幸遭逢國家動盪，外侮侵犯，保家衛國之時，並不急功近利，而期望能正本清源，尋求從根本上解決治療國家當時所存在的痼疾，彌補往史舊學所欠缺、所忽略的盲區，又或盡量搜剔鈎稽，歸納匯集，以資能有利於國家民族當時的救亡與未來的强盛。史前時期之西北、西域史族新考、東北地方沿革及其民族，皆是也。史前時期之西北的作者總結自漢代以來，歷代朝廷經營邊功，奄忽而盛，又倏然而寂，屢費財力損兵革，終究未能使西北做到久安永寧的原因，不僅僅在於謀劃未周，兵馬未强，作者認爲還在於中國的方塊漢字，對夷狄來説，難寫難認，使已經被羈縻之夷狄，不能順暢地接受優秀的中原文化，而以儒家爲主流的中原文化，又缺乏宗教力量以因果報應之説警戒愚俗，收拾人心，故夷狄與華夏離心離德，戰爲利來，敗無愧色，旋叛旋服，叛服無常，成爲數千年邊患。「海水有門分上下，江山無地限華夷」，這是明清易代之際，詩人陳恭尹發出的悲嘆。而能爲史前時期之西北這種推論做實证的，歷史上有多個朝代，比如北魏。作者不僅因此對經營當時西北邊務者爬梳匯集了翔實的史料，以鑒資當時的西北政治，更爲實際開發西北，提出了許多具體的設想，寫出了將來之展望、將來工作之途徑。作者還批評了當時打着開發西北旗號的各路「淘金者」。東北地方沿革及其民族的作者抱有同樣的志氣，梳理東北邊疆的沿革，並將其地域所有民族的風俗歷史，概括歸納。作者深感我國東北廣大土地，歷經沙俄、日本等的侵擾，並分析其原因，言簡意賅，脈絡十分清晰透徹，目的是使當時的政府，能振作起來，重視東北、保護東北，發展東北。近代名家散佚學術著作叢刊·民族風俗卷的作者，無論是大學教授、學者、地方官員、新聞記者還是中學校長，其字裏行間所洋溢的，都是自古以來，中華文化所孕育出來的賢士大夫胸懷家國天下的情懷。非有此等士大夫擔當情懷，不能有此胸襟眼界，無此胸襟眼界，不能有此考察風俗、發現歷史、希望能有助於國家救亡與復興的學問著述即千古文章。此二也。

余固非風俗專家，不能道盡其旨。作爲一個普通讀者，讀這些著作，對前人行文之美，愛賞不已。學者之文，凡舊學修養深厚者，其辭必然雋永可喜。愚以爲近代名家散佚學術著作叢刊·民族風俗卷的寫作，已經將漢語的文白相融，做到盡善盡美的高度了，它保存了文言文的矜持與自尊，詞約而義豐，又吸收了白話的通俗流暢，却因爲文言精神的提攜，使其氣不墜，白話不顯得囉嗦輕浮、枯燥乏味，反而有了直抒胸臆的痛快淋漓。正因爲這樣，這套叢書，不僅作爲學術專著，供後來學人作學術資料考索徵引，其實應該同時當作一般讀者的閱讀書目，必然會受到許多人的喜歡，「道不遠人」。此三也。

余貿然接受邀請主編此輯叢書，旋即愧悔，勉力爲之，不勝惶恐之至。謹以保存國故的心態，虔誠面對前人著作，對之如聆教誨。能將此叢書奉獻給今日讀者，則欣喜之情，陡然洋溢周身，覆蓋了一切。

風俗之於天下，可謂至關重要，移風易俗，正風俗以正人心，前人保存國粹者，無不以此相許。而今日之人，多迷信强權、崇拜金錢，對此多有忽略。今日學術界淺薄勢利，若不碰觸某一還活在人們生活中的風俗，則該風俗猶能讓人感受到古老文化的現實體温，反之一碰觸，則多粗暴否定與畸形改造，無异於毁滅良俗。「風俗掃地傷王化，誰正人倫大雅！」（元·吴弘道醉高歌嘆世）

惟願此人文風俗叢書，能讓人重新認識風俗的重要，視風俗之考察，爲政治必要之端。

後學　許石林

二〇一四年九月二十一日於深圳

作者簡介

戴裔煊（一九〇八年—一九八八年），歷史學家、民族學家、教育學家。原住廣東省陽江縣江城鎮（現陽江市江城區）王屋巷。一九三四年畢業于中山大學。一九四二年在重慶北碚中山文化教育館研究部民族組任研究員。一九四五年至一九四九年，在中山大學地理系和廣東省立法商學院擔任民族教學工作。一九四九年以後，一直在中山大學任歷史系教授。主要著作有：西方民族學史、干蘭——西南中國原始住宅的研究、宋代鈔鹽制度研究等。

蠻中醉

見杜牧樊川別集一云張籍詩題無醉字

瘴塞蠻江入洞流
人家多在竹棚頭
青山海上無城郭
唯見松牌出象州

弁言

著者蒐集西南中國原始文化資料，經已多年，東鱗西爪，日積月累，頗有所得，以飢驅奔走，生活不安，迄無暇整理，斯篇爲整理完成者之一。然亦於蕭蕭逆旅中，利用公退餘閒爲之，風簷寸晷，時作時輟，遷延數月，始克脫稿。著者企圖用史地學方法，將西南中國原始住宅作有系統之探究。考查其名稱之變異，形式之差別，特徵之所在，及其所以產生之緣由。從空間觀察其分布，從時間迹尋其變遷，所參稽載籍，雖廣涉中外古今；然爲環境所限，得書不易，仍自知坐井觀天，所見甚小。脫稿後，承友人羅致平先生見告，謂在東洋學報第二十三卷見有一書評，爲評論 Nguyen van Huyen 所著「東南亞洲欄居研究導論」(Introduction à l'Etude de l'Habitation sur Pilotis dans l'Asie du Sud-Est, Paris, 1934) 一書者，顧名思義，知其所研究者，正與本篇相同，惟內容如何，惜未獲一讀，不能不引爲憾事。然雖未見其書，敢信彼此所用之方法與取材，必不相同，詳畧亦必互異，見解恐亦未必盡同，見智見仁，正好互相參証。

最近獲讀 Edwin M. Leob 與 Jan O. M. Brock 合著之「東南亞洲社會組織與長屋」("Social Organization and the Long House in Southeast Asia" American Anthropologist, N. S. Vol. 49, No. 3, 1947) 一文，語其內容，當然與余所研究者有關

係，惟其主要目的在分析東南亞洲椿棚長屋與母系及父系社會之關係，仍屬初步研究，對此問題，未能根本解決。文中曾提及「長屋」出自雲南及中國東南部，其理由則為雲南邊境「長屋」非常普遍。並認為此種「長屋」是由父系之藏緬語泰語部族及母系之印度尼西亞人從海南島及柬埔寨傳播入南海。余對此種見解，不敢苟同。屋之大小，並不一定與父系或母系社會有功能上聯帶關係，兩種社會俱有，使分析徒費工夫。『干闌大小，隨其家口之數，』千餘年來，經已如此，兩氏不諳中文，對於漢籍記載，毫無所知，實則「長屋」並非一種特徵，兩氏不免有所誤會，若故意謂與某種社會有關，無異投身網羅，無以自拔。至於此種文化之產生地區，從多方面觀察，應為東南亞洲沿海，謂某族人為傳播媒介，亦無確實証據。事貴有徵，無徵弗信，有所不知，不如寧闕，余認為文化史之研究，對於了解現在文化之構成，為一種不可少之方法，尤以探究西南中國原始文化為然，此不過其一端耳。

本篇全稿，承岑仲勉先生詳細閱讀一過，並提示種種寶貴意見，使著者得以補充修正，至堪感謝。又屬稿時，承羅致平先生提示西文方面若干重要資料，並代借西文書籍多種。並承江應樑、劉伯奎兩先生賜贈照片。付印時，得岑家梧先生之力至多，謹於此統致謝意。

三七、九、三〇、著者識於廣州

目次

干蘭——西南中國原始住宅的研究

一、名稱考釋

1. 干蘭干欄干闌閣闌高欄擱欄等名稱的比較

什麼叫做「干蘭」？簡單地說，「干蘭」是古代流行於中國西南部蠻族的住宅的通稱。

最初我讀魏書僚傳（一）、周書異域傳僚傳、北史蠻僚傳、通典邊防典，都見得有同樣的記載，說僚人的住宅。

「依樹積木以居其上，名曰「干蘭」，「干蘭」大小，隨其家口之數」。

後來又見到舊唐書卷一九七與新唐書卷二二二的南平僚傳亦稱：

「土氣多瘴癘，山有毒草及沙虱蝮蛇，人並樓居，登梯而上，號爲「干欄」」。

宋樂史太平寰宇記卷一六三賓州風俗下又稱：

「悉以高欄爲居，號曰「干闌」」。

又同卷稱昭州風俗同賓州，則昭州的住宅也叫做「干闌」，殆無疑義。據宋王存元豐九域志卷十，賨州，太平興國四年廢，卽今廣東信宜縣。九域志卷九，昭州平樂郡治平樂縣，卽今廣西平樂縣。

根據上面所引之文，我們知道由南北朝以至於唐，僚人的住宅叫做「干蘭」或「干欄」。宋代廣東西部及廣西東部土人的住宅叫做「干闌」。廣東西部以及廣西東部的土人是屬於什麼族？樂史未有明言，是不是僚？我們再從地理上研究，便可明白。

僚人的所在地，根據古籍所說，可以約畧得其輪廓。晉常璩華陽國志卷九李特雄期壽勢志謂「蜀土無僚，至是，始從山出，自巴至犍爲梓潼，布滿山谷」。晉書李勢傳及李石續博物志卷三引甯國論之文，大畧與華陽國志同（二），晉張華博物志謂「荆州極西南界至蜀，諸民曰僚子」。魏書僚傳、周書異域傳僚傳、北史蠻僚傳則謂「僚者盖南蠻之別種，自漢中達於邛笮川洞之間，所在皆有」。從上述各種記載觀察，可知僚人所在地，西北邊由今陝西西南部以迄四川西部，東邊自四川東部迄貴州北部皆是。唐代的南平僚所在地，據新唐書卷二二二謂其地「東距智州，南屬渝州，西距南州，北涪州」。智州爲漢牂牁郡地，唐高祖武德二年置義州，五年改稱智州。貞觀十二年改爲牢州，在貴州石阡府龍泉縣西北。渝州卽唐南平郡，今四川巴縣治。南州故治在今四川綦江縣南，涪州今四川涪陵縣。其地域由四川東部起，至貴州東部。蜀李勢時代(A. D. 344-347)的僚與唐代南平僚的分布區域相比較，南平僚的分布區域似乎縮小了一些。事實上，本來僚族所佔據的區域，在西北邊沒有那樣廣。李勢時向西北活動移徙，攻佔郡縣。就伸展到陝西西南部及四川西部，關於僚人的遷徙分布，國內學者大都根據上述含胡的記載，作種種推測。因而有謂出自西羌的，外國學者亦一致主張其人由北方南徙。其實對於中國史實未嘗深考。後魏酈道元水經注已經有很明白的記載：水經注卷二〇明言「李壽之時，僚自牂牁北入，所在諸郡，布滿山谷」。宋郭允蹈蜀鑑卷四亦云李壽「從牂牁引僚入蜀，自象山以北，盡爲僚居。蜀本無僚，至是始出巴西、渠川、廣漢、陽安、資中、犍爲、梓潼，布在山谷，十餘萬家」。僚人從什麼地方入蜀，這是一種很明白的說明。所以僚人分布的地區，應以新唐書所述者較爲準確。由四川東南部起，直至廣西東南部，廣東西部亦有其族屬。在唐代是這樣。在唐以前，其族分布於西南中國應該更廣，因逐漸與我羣同化，與齊民等列，卽使他們本來爲僚，久而久之，漸染了華風，也不作僚看待了。廣東西南部的「干闌」，無疑是他們的住宅。

到這裏，我們可以明白：在這個廣大區域裏的僚人的住宅都叫做「干闌」。「欄」、「闌」與「蘭」是同一音的異寫，寫那一個都無關輕重的。

又考太平寰宇記卷八八劍南道昌州風俗下云『無夏風，有僚風。悉住叢箐，懸虛構屋，號「閣闌」』。同書卷一三六渝州風俗下亦云「今渝山谷中有狼僮，鄉俗構屋高樹，謂之「閣闌」」「閣」「干」音近，又是一種異寫。

唐樊綽蠻書卷十引後漢書南蠻傳槃瓠故事，其最末一節謂『緝草木皮以爲衣服，帝賜以南山，仍起「高欄」爲居，止之。其後滋蔓，自爲一國』（三）。明戴璟嘉靖廣東通志卷十八風俗述及高州『男女盛服椎髻跣足，聚而作歌，重以「高欄」爲居，故有「高欄」之號。（已上各縣皆然）』（四）。張慶長黎歧紀聞亦謂黎人住宅有「高欄」「低欄」之分。凡此所謂「高欄」，也是一種異寫。

至於爲什麼會有種種異寫？其原因則由於這個名稱根本是譯音而來，漢文中沒有定字，所以寫法有種種不同。

起初，我認爲只有西南中國僚人及其族類的住宅纔叫做「干蘭」或叫做與「干蘭」音近的「閣闌」或「高欄」，但是考索的結果，使我對於這種想像不敢確實地肯定。因爲叫住宅做「干蘭」或近似「干蘭」的，並不限於西南中國，似乎也並不限於僚人。梁書卷五四及南史卷七八海南諸國林邑傳俱稱：

『其國俗居處爲閣，名曰「干欄」』（按梁書「干」作「于」誤）。

林邑本漢日南郡象林縣地，後漢末建國，中國史籍稱之爲林邑或寫作「臨邑」（五），唐元和以後，改稱環王，五代時又改稱占城，其國自稱占婆（Campa 或 Champa）爲今安南中圻至南圻地（六）。

又新唐書卷二二二下訶陵傳載墮和羅（亦稱獨和羅，義淨南海寄歸內法傳卷一作「杜和鉢底，」即 Dvaravati 之對音）屬國陀洹（一曰耨陀洹）在環王西南海中。

「俗喜樓居，謂爲「干欄」」。

是則徼外蠻夷的住宅，也同樣有叫做「干欄」的。

古昔林邑國的人屬於何族，尚無定論。馬司帛洛 (Maspero) 謂昔日居民分爲占人(Chams) 及蠻人，蠻人又分爲野人 (Mlecchas) 山人 (Kirātas) 二種，今日占人多類柬埔寨人，似可列入馬來玻里尼西亞 (Malayo-polynésien) 系統中云云（七）。這不過是一種疑似之論，確否仍有待於證實。但從古代文化來觀察，有可信其與僚人同族的理由(八)。

此外稱住宅音近於「干蘭」的，又有裸形蠻。據樊綽蠻書卷四述裸形蠻的風俗習慣稱：

「其男遍滿山野，亦無君長，作「擖欄」舍屋，多女少男，無農田，無衣服，惟取木皮以蔽形，或十妻五妻共一丈夫，盡日持弓，不下「擖欄」，有外來侵襲者則射之。其妻入山林採拾蟲魚菜螺蜆等歸啖食之」。

所謂「擖欄」，與太平寰宇記的「閣蘭」讀音相近。又『盡日持弓，不下「擖欄」』。足証其爲一種離地的建築物，則「擖欄」無疑又是「干蘭」的一種異寫。

這裏的裸形蠻，使我聯想到史記等書的裸國。並認爲彼此是同族。史記卷一一三南越尉佗傳載趙佗上書，有『南方卑溼，蠻夷中間，其東閩越千人，衆號稱王，其西甌駱裸國亦稱王，老臣妄竊帝號，聊以自娛」等語。則史記的裸國，無疑與蠻書的裸形蠻同族。惟漢書卷九五趙佗傳同段文字，與史記畧有出入。漢書謂「西有西甌，其衆半羸，南面稱王」，只有西甌，並沒有裸國。我深懷疑「其衆半羸」的「羸」字應作「蠃」，「蠃」即「裸」字，如「蠃蟲」亦寫作「裸蟲」，可以爲証。又「裸」亦寫作「倮」。裸國即倮國，戰國策趙策稱「禹袒入倮國」是其証。

考裸國亦名狼䐠，左思吳都賦「烏滸狼䐠」。烏滸蠻亦稱烏蠻或隖蠻。卽古代的甌駱，漢代稱爲里人，唐代亦稱爲烏武僚，都是同一個民族，我已經詳爲考釋（九）。至於狼䐠，酈道元水經注卷三六有說明。其文云，「徐狼外夷皆裸身，男以竹筒掩體，女以樹葉蔽形，外名狼䐠，所謂裸國也。雖習俗裸袒，猶耻無蔽，惟依暝夜與人交市，闇中臭金，便知好惡，明朝曉看，皆如其言」。是則烏滸狼䐠，亦不過甌駱裸國之謂。

按水經注卷三六又稱，「朱吾以南，有文狼人，野居無室宅，依樹止宿，食生魚肉，採香爲業，與人交市，若上皇之民矣」。將水經注兩段文字加以比較，我認爲文狼可能亦卽狼䐠，大抵因爲所根據的資料來源不同，所以名稱各異，酈道元見得名稱不同，將兩段文字同引在一個地方，未曾作名稱異同的考証。外名狼䐠，很有可能中國人稱爲文狼。這是一種想像所得的假定，確否仍有待於進一步的証實。按文狼夷舊唐書地理志峯州下作「交朗夷」。「狼」「朗」音近，「交」當爲「文」之誤。太平寰宇記卷一七〇謂峯州古文狠國，有文狠水，又同書嘉寧縣下亦稱：麋冷，古文狠夷地（一〇）。峯州隋置，其地在今安南北境。朱吾漢置縣，地在今安南南境。從地理位置來觀察，使我不敢輕於下斷語。事實上中國人對於日南郡的地理位置，觀念極爲模糊，伯希和 (Paul Pelliot) 曾考定漢代與隋代的日南郡地理位置不同，隋日南卽唐之驩州，今之又安一部及河靜全省，而漢之日南，更在其南（一一）。同是文狠人，水經注謂在朱吾以南，而舊唐書及太平寰宇記則謂峯州卽其地。足徵地理位置彼此不符。所以文狠是否卽狠䐠，仍未能証實。

玆姑勿論裸形蠻是否卽文狠夷，裸形蠻的族屬仍有問題。伯希和根據水經注卷三六所言象林的境界「東濱滄海，西際徐狠，南接扶南，北連九德」，因而推定狠䐠是占波西方山中的野人（一二）。考晉書卷九七扶南傳稱扶南人「倮身」，南齊書卷五八扶南傳則稱扶南人「裸露形體」。從這種習慣來判斷，裸國或裸形蠻可能與吉篾族 (Khmer) 的扶南人有親緣關係。

到這裏，我可以得出一個結論：西南中國古代最流行的一種住宅是叫做「干闌」，「干欄」，或「干闌」，又或叫做「閣闌」，「高欄」或「掲欄」。所以有這種種不同的寫法，則由於這個名稱是譯音來的，時間不同，空間不同，譯者的方言又有不同，所以寫成漢字，不免小有差異。至於叫住宅做「干闌」的，並不限於西南中國，西南中國以外亦有之，並且不限於一個民族。

2. 名稱的變異及其詮釋

從古代載籍我們見到這類建築物的名稱只有叫做「干蘭」，或與「干蘭」音近的名稱，稍後的記載則有種種變異。但不論怎樣變異，都脫不了「欄」。例如：

麻欄　宋范成大桂海虞衡志（一三）稱獞人「民居苫茅爲兩重棚謂之「麻闌」」。又周去非嶺外代答卷十蠻俗條稱「編竹苫茅爲兩重，上以自處，下居雞豚，謂之「麻欄」」。明田汝成炎徼紀聞卷四謂，獞人「居舍茅緝而不塗，衡板爲閣，上以棲止，下畜牛羊豬犬，謂之「麻欄」」。又明末鄺露所著赤雅卷一獞丁條亦謂「緝茅索綯，伐木駕楹，人棲其上，牛羊犬豕畜其下，謂之「麻欄」。子長娶婦，別「欄」而居」。又同書丁婦條謂娶日，其女卽還母家，與鄰女作處，間與其夫野合，有身，乃潛告其夫，作「欄」以待，生子始稱爲婦也」。清閔叙粤述之文亦大畧相同，嘉慶重修淸一統志卷四六二稱獞人「居室無論貧富，最喜架樓，名之曰「欄」」。諸如此類的記載，不勝枚舉。總之，獞人所住上居人下居畜的建築物叫做「麻欄」，或簡稱爲「欄」，南宋以來的記載都是這樣說。

水欄　明羅日褧咸賓錄謂「蜑人以舟楫爲家，或編篷水滸，謂之「水欄」」。鄺露赤雅卷一蜑人條亦謂蜑人「浮家泛宅，或住水滸，或住「水欄」」。清錢以塏嶺海見聞卷二蛋戶條亦稱「蛋家捕魚爲業，舟楫爲家，故曰蛋家，或編篷瀕水而居，謂之「水欄」」。

又可證明蛋人所住水邊的高脚棚亦叫做「欄」，不過因其傍水爲家，所以叫做「水欄」。

欄房　明顧岕海槎餘錄稱：「凡深黎村，男女衆多，必伐長木，兩頭搭屋各數間，上覆以草，中剖竹，下橫上直，平鋪如樓板，其下則虛焉。登涉必用梯，其俗呼曰「欄房」，遇晚，村中幼男女，盡驅而上，聽其自相諧偶」。這是特殊作用的建築物，黎人一般的建築物，亦與獞人的同一形式。范成大桂海虞衡志稱其「居處架木兩重，上以自居，下以畜牧」。趙汝适諸蕃志卷下亦稱其「屋宇以竹爲棚，下居牧畜，人處其上」。自古以來都是這樣，沒有多大改變。離地則有高下之分，所以張慶長黎岐紀聞謂有「高欄」「低欄」，就是這種原故，然不論高低，一樣叫住宅做「欄」，殆無疑義。

上述種種，是從古籍上所見西南中國民族稱他們的住宅爲「欄」的。此外，還有若干記載述及西南中國民族的建築物雖然不是叫做「欄」，其名稱仍與「欄」讀音相近的有：

馬郎房　貝青喬苗俗記謂「女子十三四，構竹樓野外處之，苗童聚歌其上，情稔則合，黑苗謂之「馬郎房」，獞人謂之「麻欄」，僚人謂之「干欄」」（一四）。「馬郎」與「麻欄」音近。似爲漢字譯音的差異。

羅漢樓　鄺露赤雅卷一羅漢樓條謂「以大木一枝埋地作獨脚樓，高百尺，燒五色瓦覆之，望之若錦鱗矣。攀男子歌唱飲噉，夜歸緣宿其上，以此自豪」。閔叙粵述亦謂仡僚「以大木一枝埋地作獨木樓，高數丈，上覆瓦鋪板，男歌唱者，夜則緣宿其上，謂之「羅漢樓」」。「羅漢」我亦懷疑其爲「欄」音的長讀。

關於「馬郎」與「羅漢」，根據各種載籍，有不同的解釋。李宗昉黔記卷三云，「八寨黑苗在都勻府屬。……各寨野外均造一房，名曰「馬郎房」，未婚之女，晚來相聚」。又云，「靑仲家在古州、淸江、丹江等處……女子色白而敏，工織繡，善奕棋，以擲毬爲樂，所私者曰「馬郎」，夜則與之飲，父母知而不禁，惟避其兄弟」。觀此，則「馬郎」卽漢語「情郎」之意。又鄺露赤雅卷一羅漢條對於「羅漢」的意義亦有解釋，鄺氏謂「貴少賤老，染鬚剃髮，喜作「羅漢」，「羅漢」者，惡少之稱也」。近人劉錫蕃在其所著嶺表紀蠻（一七三頁）述及苗山歲節聚會，謂「會期前各寨靑年男女均預先約定某日到某寨集合，此等靑年，男子稱爲「羅漢」，女子稱爲「藍兔」，依佪語也」。則「羅漢」又是未婚的靑年男子之稱，依照這樣的解釋，和我所提出的假定不合，「馬郎」和「羅漢」是指未婚的男子，與住宅的名稱沒有關係。我雖然沒有充份的証據証明我的假定是眞，不過研究初民社會文化現象有一點是美國人類學鉅子鮑亞士（F. Boas）所提出而值得注意的，這就是有許多現象已經不是「原始的實在」(Primary realities) 而是「其次的組合」Secondary associations),「其次的組合」有「其次的解釋」(Secondary interpretations)（一五）「馬郎」與「羅漢」又安知不是其次的解釋？我們知道黑苗談戀愛叫做「搖馬郎」，既然「馬郎」是指所歡的男子，「搖馬郎」又怎樣解釋？因此，我始終懷疑上述

「馬郎」與「羅漢」的解釋是後起之義。

又上面所舉的「欄房」，「馬郎房」，「羅漢樓」，都是未婚者的公所是「干闌」式建築，同時也是流行這種建築形式的地區所具有的文化特徵。這一類的公所，不特西南中國有之，中國沿海的島嶼，以至於南洋一帶無不有之。據法國民族學家但尼克(Deniker)所述，台灣番族有 maison commune，或 house in common（一六），當卽爲「公所」。又德國民族學家馬克思，什密特(max Schmidt)述馬來人的建築物，有 unmarried men's quarters（一七），其義爲「未婚男子的公所」，當與「羅漢樓」之類無異。又烏爾(willi ule)教授所舉述巴布亞(Papua)人的村落，除多家居住的住宅之外，村中還有公共的男子公所與少年公所 (gemeisame männer=und Junggesellen häuser)，爲公開集會的所在（一八）。大抵這類建築物的大小與普通住宅容許有不同，形式則沒有什麼差異。

讀音相近，形式相同，所以我懷疑上述「馬郎」「羅漢」的解釋是後起之義。本來是指住宅，「馬郎」卽「麻欄」，「羅漢」卽「欄」，爲音近的變異。

茲姑勿論這種推想對與不對，「干欄」「閣欄」，「高欄」，「擖欄」，「麻欄」，「水欄」，「欄房，」都脫不了「欄」字音，而且差不多都可簡稱爲「欄」，所謂「欄」，在西南中國的非漢語中，究竟是什麼意義？根據各方面調查研究的結果，知道所謂「欄」就是漢語的「屋」。

據徐松石氏研究的結果，謂「蘭」字有時作「欄」，有時作「欖」僮語指「屋」，邕寧有「蘭梁」，「蘭宋」，卽「梁屋」「宋屋」。徐氏又舉出廣西左右江流域最通用的僮音，「屋」的對音爲 ruan（一九）。

法人佛勒累爾上尉 (Le Capitaine de Fleurelle) 及雷巴日上尉 (Le Capitaine de Lepage) 調查貴州仲家語的結果，亦謂仲家稱住宅爲 rann 或 de rann（二〇）。

又曾在暹羅、緬甸、及中國之泰族中傳教三十三年的多德 (Milliam Clifton Dodd 在其所著泰族 (The Tai Race, 1923) 一書，開端附有比較泰語彙 (Comparative Tai Vocabulary, PP. XVI—XVII), 其所舉泰語方言稱「屋」爲「欄」或音近於「欄」者，有如下表：

住宅稱謂	部族	附考
rüen	暹羅人	煊案暹羅語稱屋有兩個名稱現代的屋叫做 ban, 古老的屋或店則叫做 ran 與 rüen 微異

rüan	東京之 Tai To 雲南廣南之 Kon yai	
Lüñ	雲南廣南之 Tai yoi 雲南之 Pu Tai	

漢文的「蘭」、「欄」、「闌」等字，顯然是這類土語的譯音字。至於「干闌」的「干」，「閣闌」的「閣」，「高欄」的「高」，以及「擱欄」的「擱」，當然又同是譯古僚語相近的一個音。這一個音是什麽意義，未獲得確實証據，不敢臆測。晉常璩華陽國志南中志述永昌郡的物產，謂有「蘭干」細布，氏復加以說明，謂「蘭干」，僚言「紵」也。僚語漢譯，正與稱住宅相同，所不同者惟上下互倒而已。這雖然是一種有趣味的對照，但意義迥殊，不能尋求出彼此意義上的關係。所謂「干闌」及其音近的名稱，是僚語「住宅」之謂，則無可疑。

至於「麻欄」的「麻」，其義疑卽是「村」。據徐松石氏於對獞音地名的舉示，謂獞音地名的「雲」字，卽是獞音地名的「板」字，「蔓」字，「麻」字，「班」字，「慢」字，「晚」字，這些字都是獞語「村」字的意思（二二）。多德氏比較泰語彙所舉泰語「村落」讀音僅有三種，暹羅語為 Mū ban，老撾語為 ban，西部撣語為 Wan 亦相近(二二)。惟無「麻」音，疑有闕略。

總觀上述，足徵「干闌」「麻欄」之類的名稱，都是西南中國土語的漢字音譯，至於「水」、「房」、「樓」等，則根本為漢義字，為不明瞭土語者所加，這些譯音字的意義，由比較研究亦可得而了解。

二、干蘭的類別及其特徵

1. 巢居柵居及浮宅

西南中國「干蘭」式的建築，從各種記載觀察，大別之，可分爲三種：

(1)巢居　魏書僚傳『依樹積木以居其上』的「干蘭」，太平寰宇記『構居高樹』的「閣欄」，都是「巢居」。這個名稱是我羣所命與的。因爲住宅建築在高樹上面，像一個鳥巢，不曉得土人的專有名稱，所以就叫牠爲「巢居」。這個名稱在中國古籍上很普通，就我所知，似以見於晉張華博物志爲最早。西文這個名稱，和中文「巢居」的意義差不多，德文叫牠做 Baumhaus. 法文沒有獨一個字的專名，通常稱爲 la demeure sur arbre, 都是「樹屋」之意。

考巢居在中國古籍上亦稱「橧巢」，或寫作「增巢」，「曾巢」，又或寫作「榛巢」(二三)，都是音近異寫，按廣雅「橧」亦訓「巢」。

關於巢居的起源，中國古籍上有種種記載可供我們參考，禮記禮運篇云：

「昔者先王未有宮室，冬則居營窟，夏則居橧巢」。

又韓非子五蠹篇云：

「上古之世，人民少而禽獸衆，人民不勝禽獸蟲蛇。有聖人作，構木爲巢，以避羣害，而民悅之，使王天下，號曰「有巢氏」」。

這些記載所給我們的提示是：我們在有屋宇之前，經過一個穴居和巢居的階段，同時巢居是遠古一個文化英雄有巢氏的發明。宋羅泌撰路史，在前紀卷五及卷九中，更分出兩個有巢氏。一在燧人氏之前，教民構木爲巢，又叫做大巢氏；一在昊英氏之後，教民編槿而廬，緝藋而扉。當然，在住宅發明之前，經過一個沒有住宅的野處穴居時期。這是可以想像得到的。但是古史茫昧，無可稽考，我們洪荒之世的祖先，其居處的狀況是怎樣？尙缺乏可靠的証據。是不是經過一個巢居的時期？亦極成問題。我因爲研究西南中國的初期文化，由比較研究的結果，我對於古籍上所說我們原始時代的居處狀況，殊覺可疑。我認爲上述的幾種記載是他羣的傳說，由民族文化接觸傳播而來。愈晚出而愈覺煞有介事，不能視爲信史。其理由：

第一、唐宋以前西南中國還有巢居。古籍上有很明顯的記載。

第二、除了這些不可信據的傳說之外，絕不見得我們過去有巢居的痕迹。看中國有史以後的記載，我們知道所流行的是一種「版築」，孟子告子所謂「傳說舉於版築之間」的「版築」，就是中國古代最流行的建築方法，所謂「版築」是用板夾土，杵實而成牆壁，「版」是夾土所用的板，詩大雅緜「縮版以載」之「版」卽此。五版謂之一堵　禮射義

「觀者如堵牆」，即言觀者如五版之牆。「築」是擣土所用的杵，左傳宣十一年「稱畚築」，疏「畚者盛土之器，築者築土之杵」，這些都是建築上所用的工具。中文裏所謂「建築」，這個名詞的語源是從這裏來。版築與巢居在建築方法形式材料上，根本是體系不同的兩回事。版築與泥磚可以說有聯帶關係，中國的住宅，其牆壁用泥磚建造，與版築並行，現在猶然。布累斯泰德 (Breasted) 告訴我們說，「整個古代世界，其尋常建築材料是泥磚 (Sun-baked brick)，東方老百姓的屋宇，即使在今日，仍然是用這種磚建造的」（二四）。假使中國民族是來自西方，不論舊西來說也好，新西來說也好，當來的時候，挾同西方文明與俱來，應老早即已居住這類的住宅。

第三、西南中國的巢居，受漢化的影響，逐漸改變消滅，是確實的事實，有明顯的證據。因此，我認為古籍上關於巢居的記載是與西南中國民族接觸所得來的傳說。發明巢居可能是傳說中一個文化英雄，但決不是我們遠古的帝王。

(2) 柵居　這個名稱見太平御覽及太平寰宇記等書所引南朝宋沈懷遠的南越志。通常又叫做「樓居」。即英文的 Pile-dwelling, 德文的 Pfahlbauhaus, 法文沒有專名，只稱為 la demeure sur pilotis, 唐代南平僚的「干欄」，近代獞人的「麻欄」，黎人的「欄房」，蜒人的「水欄」，仡佬的「羊棲」（二五），以至於西南中國所有部族的「樓居」，都是屬於這一類。

英屬紐幾內亞東南部
Koiari之巢居
(採自 H. SchurtZ, Urgeschichte der Kultur)

紐幾内亞土人之栅居

(採自 W. Ule, Die Erde und ihre Völker)

滇緬邊區猛夘擺夷住宅

銅鼓花紋中之干闌建築

見商承祚編十二家吉金圖錄所著錄北平孫氏（名壯字伯恆）雪園藏器，花紋俱在鼓內底有茅屋有樂亭

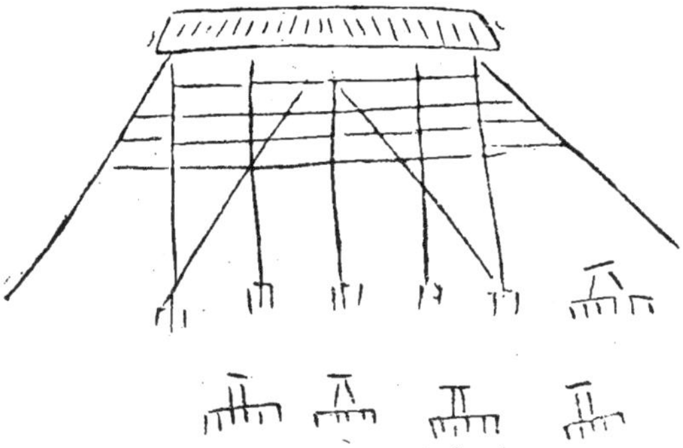

柵居見雪器鼓一

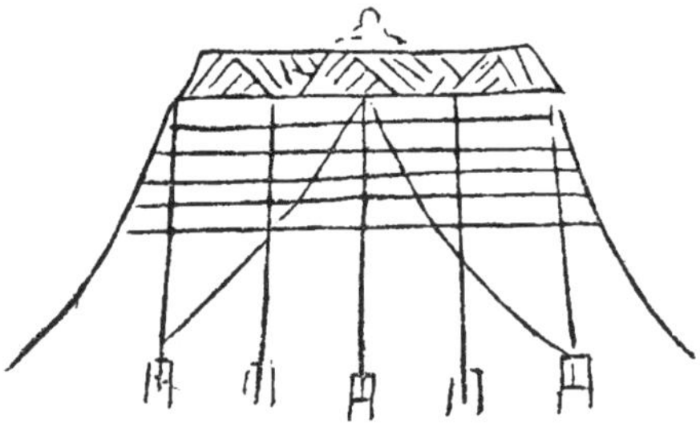

見雪器鼓二

樂亭同見雪器鼓一

同見雪器鼓二

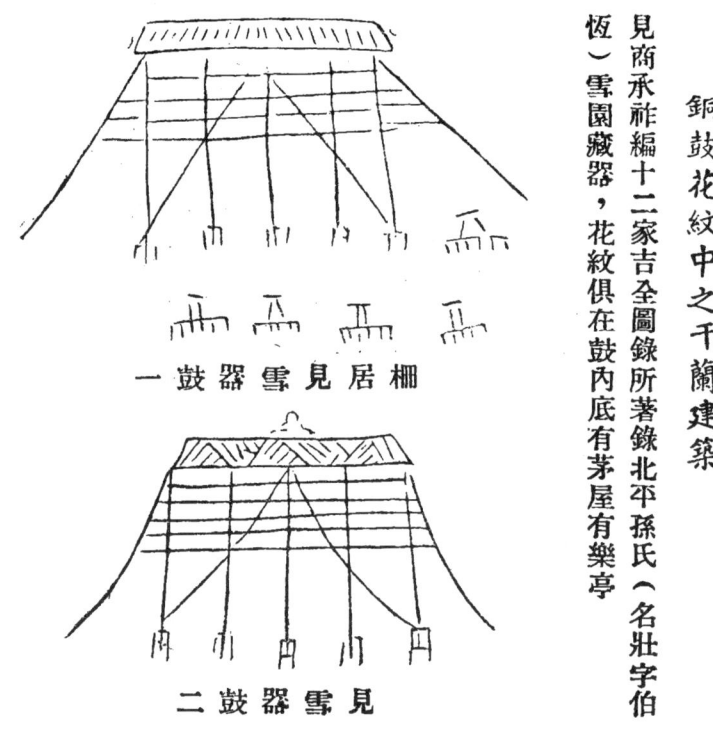

巢居和柵居兩者都是離地的。其不同的地方是前者依靠天然的樹木來做牠的支柱，後者則依靠多數木樁。又因爲樹木生長在乾旱的陸地上的緣故，前者差不多完全建在內陸，後者除有建在內陸之外，多數建在水濱，亦有建在淺水上面的。

依君特(Albrecht Erich Günther)的解釋，謂「新近從其他觀察判斷，水平面本身變遷，棚居原來建在乾燥地上，後來陷入水中，所發見片段物之保存，我們歸功於此」云云(二六)。氏未指明何處，雖可能有這種情形，似不能一律看待。因爲這種建築大多數是在水濱，把木樁打入水浸的岸邊，自屬常有之事，蠻人所居的棚，大都是這樣，暹羅人，馬來人的柵居，亦大都如此，至於巴布亞人海上柵居的村落，古瑞士的湖居，則更不待言是建築於淺水上，西南中國以及中南半島的柵居或樓居雖然有許多是建在山地上，但傍水爲家的亦不少，從古代的板楯蠻以至於現代的擺夷，仍不乏臨水而居的例。總之，兩種情形都有，而這種建築物所以離地的原因，根本與防止地板潮濕有關。

建築在陸地上面的柵居，通常支持樓板的木樁不致過高。地面與樓板之間，可供利用。一般上用來做畜欄(Viehstall)，所謂「下居畜」者卽指此。同時亦並用來做貯物的地方(Aufbewahrungsort)，在水面的柵居，就得不到這種利益，但下層畜養牛豕亦有牠的缺點，臭氣薰蒸，令人作嘔，然而居住者習慣了亦久而不聞其臭。南宋范成大周去非等對於廣右的柵居，俱注意到這一點，周去非嶺外代答卷四巢居條云：

「深廣之民，結柵以居，上設茅屋，下豢牛豕。柵上編竹爲棧，不施椅桌牀榻，唯有一牛皮爲裀席，寢食於斯，牛豕之穢，升聞於棧罅之間，不可向邇，彼皆習慣，莫之聞也。考其所以然，蓋地多虎狼，不如是則人畜皆不得安，無乃巢居之意歟」（二七）。

西南中國的柵居，大都是長方形，大小似無定制，離地亦有高低。僚人的「干闌」，「大小隨其家口之數」，足証可大可小。獞人的「麻欄」，諸書謂「子大娶婦，別「欄」另爨」，似又不至過大。婆羅洲北部勞仔(Dayak)的柵居村落，其大小亦無定制，視乎其爲一家居住的抑或多家居住的，爲未婚男子公所的抑或爲整個村落的，因而有大小之差。其作爲整個村落的，有時長至一百碼（二八）。布羅克・羅(Brooke Low)對於這種建築有很詳細的描述，他叫這種建築物做「柱上的平台」(eine Plattform auf Pfosten)，其築建的長度，視其所由構成的住宅的數目而定（二九）。但這種情形，巢居是不可能的，惟柵居纔可以擴展到這樣大。

關於西南中國，特別是廣西方面的樓居，劉錫蕃有相當詳盡的描述：

「此等屋宇，通常爲二間三間，其高度約一丈二三尺，全體爲木或竹所造，上蓋瓦片，然大部皆以樹皮茅草覆之，或亦剖竹通節，陰陽互合，覆以代瓦。

人皆樓居，樓下分爲兩部，一部爲舂碾室，農具雜物亦儲其間；一部爲牲畜室，一家所飼雞豕牛羊，悉處其內。樓上分三部或兩部：左右為臥室，最狹，普通僅可容榻，中間為火堂，封塡形如滿月之三合土（卽黃泥、石灰、砂礫三者羼合之泥土，膠結甚固），以鐵製圓形之三脚竈（俗名「三撐」）架於當中。（其貧者不用鐵竈，取石放置成三角形，架鍋於其間。）

「火堂隔門之外為騎樓，騎樓曲展至屋側為樓口，於此建木梯，卽為升降必由之路。屋前或屋側多架竹為樓，露天無蓋，蠻人「晾物」「曬衣」「縫紉」、「乘涼」諸事，多于此間為之。富家巨室，欲添置多數房屋，則於原居左右兩側橫向開展，以騎樓為通道，故屋宇多者，或扯直如「一」字形，或繞山如彎弓形（三〇）。

現在桂、黔、滇等省的窮鄉僻壤，這一類的建築仍然普遍存在。是西南中國最流行的住宅形式，雖然經過不少改變，推溯其淵源，則為由「干闌」演變而來。

（3）浮宅　這個名稱，在中國過去載籍中未有所見，是我從德文的 Schwimmendes Haus 意譯而來。這種住宅是代替水上柵居的一種建築物，與柵居有淵源關系的，據舒爾茲(Heinrich Schurtz)稱：

「這種浮宅在後印度（Hinterindien 按卽中南半島）馬來羣島，南中國多有之。假如不是屬於船或似船的建築，則建於浮筏之上。在婆羅洲這種浮宅有一種垂直支柱的下層建築，與椿柵相似。支柱底下與橫梁接合，在橫梁與浮宅的地板之間，則放有許多層的大竹，縱橫交疊，其浮力足以使地板浮出水面。這種住宅方式的好處是在於陸地，十分明顯。其主要的交通把牠移到水上去。在中國又似乎內陸人口過多，把一部分居民廹到水上去，這種情形，確實許多是原來在華南被中國人征服以前已經存在的漁民和船夫，他們大約從前是定居於水濱的柵居的」（三一）。

在南中國建於船上的水上住宅，其形式類似房屋者所在多有，惟建於浮筏之上的似並不多見。考中國載籍述及建在木筏上的浮宅的，只有明永樂間隨鄭和下西洋諸人的著述，如馬歡的瀛涯勝覽，費信的星槎勝覽等都有紀載。此外如明張燮的東西洋考亦有述及，惟摭拾舊聞，並非得之目覩。瀛涯勝覽舊港條（按舊港卽渤淋邦 Palembang 亦卽古代之三佛齊 Crivijaya）稱：

「其餘民庶，皆在木筏上蓋屋居之。用椿纜拴繫在岸，水長則筏浮，不能淹沒，或欲於別處居者，則起椿連屋移去，不用搬徙」（三二）。

這顯然是一種浮宅。明代的記載給我們很清楚的說明。推溯至宋元之際，可能也是這樣。南宋趙汝适的諸蕃志及元汪大淵的島夷志略亦略有述及，可惜不大明確（三三）。這種浮宅在中南半島，馬來羣島等地多有之，在暹羅的華僑也有住浮宅的，在南中國則已不常見。惟梧州的「排」，至今仍保存浮宅的特徵。

依舒爾茲所述，這種浮宅是一種可以移動的柵居，當然是柵居的變相。

湄南河畔之栅居與浮宅

沙勝越古晉附近之馬來人栅居

圖 1.

圖 2.

2. 干蘭式建築的特徵

干蘭式建築和普通建築不同，其最主要的特徵是「懸虛構屋」，地板是離開地面的，人不是住在平地上而是住在樓板上。這是一種特殊的文化元素，因爲要使樓板離地，所以要有支持着樓板的樁柱。建築在樹上可以不要樁柱。樁柱一般是用木，用石的可以說是一種變形，是受到外來文化的影響。我們知道巴塔克人(Battak)的柵居，有許多不是建在木樁上而是建在石柱上，在這種情形之下，牠的結構也有多少不同：一間屋有一個完全獨立的建築在平台地面上的支架(三四)。總之，這種建築的地板是離開地面的，人是住在樓上，其改變爲人居地面，則是受外來文化的影响。在中國西南部多數是受中國文化的影响，在南洋方面則受印度文化的影响。爪哇有許多柵居已經改變了，就是因爲受到印度的影响(三五)。

其次，在質料方面，這種建築的原始型可以說全部是用植物來建造的。這種情形在原始文化裏差不多是普遍現象，當然並不止「干蘭」爲然，不過在西南中國和南洋這個地區，因爲天產關係，有幾種植物的利用特別普遍，而且在工藝方面特別發展，因而構成這個地區原始文化的一種顯著元素。這些植物是甚麼？就是竹與藤。關於這種特徵，克魯伯(A. L. Kroeber)已經注意到。他認爲竹與藤的利用，是東印度及其附近地區的一種原始的特色，並且似曾阻止有力的石器時代在這些地方發展。竹的用途，較其他植物爲廣，可以造屋、造浮筏、刀、槍、弓、箭、吹管、織物原料、炊具、樂器、諸如此類，不一而足，畧費工夫，便有完美的器物（三六）。藤差不多有與竹相同的作用，大抵因爲產量與硬度不及竹，所以廣泛利用上稍遜於竹。但用於扎縛，用於編織，其靱性與耐久的程度反遠較竹爲強。所在以「蘭干」的建築材料，除木材之外，竹與藤是非常重要的。「干闌」式建築的棚架，大多是用藤扎縛，這種情形不獨西南中國爲然，推而至於這種建築流行的地方亦莫不然。我們知道單馬令(Tambralinga)的「民居用竹，障以葉，繫以藤」（三七）。暹羅(Siam)，滿剌加(Malacca)蘇門答剌(Sumatra)等地的柵居，都是用藤札縛，老早已見於記載（三八）。這樣可以證明「干闌」建築的起源與發展，與當地的天產有密切關係，把天產充分利用，並且在技術上有高度發展，可以構成一個地方文化的特色。

「干闌」式建築的上蓋，原來也完全是利用植物，最普遍的是用茅草覆蓋，但亦有用其他植物的。就我所知，南北朝時代的扶南(Cambodge)用海邊所生的大箬葉覆屋（三九）。宋代賓瞳龍(Panduranga)則蓋屋用葵，新拖(Sunda). 蘇吉丹(Sukadana)則用椶櫚皮，渤泥(Bornes)，則用貝多葉（四〇）。明初瓜哇則用茭蕈(kajang)葉（四一），現在馬來人的「探崗」（馬來語Kampung，即「村莊」之意），其普通高脚木房子是用一種所謂「亞答」(atap)葉蓋上，富有的人家則蓋「炎柴」(jati)木片（四二）。凡是柵居，在古代都是用植物蓋屋，沒有陶瓦，也沒有磚牆，這些都是「干蘭」式建築的特色。

最後，還有一點要說明的是：這一類的建築物多數建築在河海池沼的岸邊，上文經已述及。曠觀古今中外的例，使我們不能不承認這是這種建築物的地板原來要離開地面的最主要的理由，西南中國古代的板楯蠻，以至於現代的擺夷蜒民都是喜歡在水邊架屋的，栅居而不近水，可視爲離開其原來的居地以後，仍然保留着其原來的習慣，所以居多近水，也是「干蘭」式建築的一種特色。

三、干蘭式建築的作用

關於「干蘭」式建築的作用，根據中國載籍，歸納起來，可得下列三說：

1. 避瘴癘及毒蟲說　這一說可以劉昫的舊唐書及歐陽修等新唐書的南平僚傳爲代表。所謂『土氣多瘴癘，山有毒草及沙虱蝮蛇，人並樓居。』分明以瘴癘及毒草毒蟲足以害人，欲避免傷害，所以要樓居。又樂史太平寰宇記卷一六一載嶺南道賀州風俗有云『俗多構木爲巢，以避瘴氣』。又同書卷一六九載雷州風俗亦云『地濱邊海，人惟夷僚，多居柵，以免時鬱』，時鬱亦卽是瘴氣。瘴氣一詞，卽相當於西文的malaria，這個名詞，中西文的涵義相同，往時是指沼澤低窪之地，蒸發一種有毒的氣體，人感受着這種氣體，足以發熱致病，malaria 的字源，殆從拉丁文的 malus 及 aër 而來，前者之義爲「惡」，後者之義爲「氣」，卽「惡氣」(bad air)之意。晚近醫學發達，証明所謂 malaria，乃由瘧蚊嚙膚所引起的瘧疾。瘧蚊是毒蟲，所以避瘴氣與毒蟲是有聯帶關係的一說。

2. 避猛獸說　宋范石湖桂海虞衡志及周去非嶺外代答卷四巢居條俱言『地多虎狼，不爾（代答「爾」作「如是」）則人畜俱（代答「俱」作「皆」）不（代答「不」下多「得」字）安』。這一說認定柵居是在避猛獸的侵害。

3. 禁忌說　宋朱輔溪蠻叢笑謂『仡佬以鬼禁，所居不着地。』所謂「鬼禁」是一種迷信，亦卽禁忌之意。持這種見解的，不特西南中國的仡佬爲然，司各脫 (Sir George

scott)考查緬甸與仡佬同族的卡倫(Karen)人，曾有這樣的記錄：他說「卡倫・尼爲篤信原始罪惡者，並爲防阻盜賊起見，把他們的豬，黃牛，及水牛放在架於椿柵之上的屋的底下」(四三)。這顯明是說篤信「原始罪惡」(Original sin)爲所居不着地的原因。與所謂「鬼禁」的意味差不多。都是屬於一種超自然的信仰。

我認爲上述三說都有理由，而且亦並行不悖，西南中國多瘴癘，自古以來，見於史籍，不勝枚舉。「瘴」在古籍中俱寫作「障」，「瘴」字始見於玉篇。「瘴氣」本作「障氣」。可以說柵居流行的地方，也卽是瘴毒最甚的地方。後漢書卷七八楊終傳「南方暑濕，障毒互生」。三國志吳志卷十六陸胤傳「蒼梧南海歲有舊風障氣之害，風則折木飛砂轉石，氣則霧鬱，飛鳥不經」，又隋書卷三一地理志揚州下亦云「自嶺以南，二十餘郡，大率土地下濕，皆多瘴癘」。史籍上記載南方瘴癘，數見不鮮。瘴氣因季候不同，又有種種名稱，范成大桂海虞衡志雜志云：

「瘴二廣惟桂林無之，自是而南，皆瘴鄉矣，瘴者，山嵐水毒與草莽沴氣鬱勃蒸熏之所爲也，其中人如瘧狀」。

又云：

「邕州兩江水土尤惡，一歲無時無瘴，春曰「春瘴」，夏曰「黃梅瘴」，六七月曰「新禾瘴」，八九月曰「黃茅瘴」。土人以「黃茅瘴」爲尤毒」。

明鄺露赤雅卷三四瘴條所舉四瘴名稱，與此畧異。

「春曰「青草」，夏曰「黃梅」，秋曰「新禾」，冬曰「黃茅」。皆乘草木蘊勃，日氣歊爀所成，而「青草」「黃茅」最爲毒烈」。

雍正廣東通志所載四瘴名稱亦同此，惟更多出一種所謂「香花瘴」（四四）。「香花瘴」大抵指桂花菊花瘴之類。按明嘉靖廣東通志卷十八稱：

「舊誌：瘴候始於三月，止於九月，故有「青草」，「黃茅」，「桂花」，「菊花」之號」。

我們不必繁徵博引，由此已可見嶺南曩時瘴氣瀰漫，名目紛如，使從北方來的人聞而生畏。韓愈被貶潮州，深恐瘴江埋骨，英德烟瘴最甚，在南宋時代猶有人間地獄之稱。兩廣尙且如此，其餘雲貴等省，更不待言，清檀萃滇海虞衡志稱「滇南瘴氣，無處無之，雖通都大邑間，或曲巷僻街，亦有瘴起，遇卽作病。」唐白居易折臂翁詩所描寫「椒花落時瘴烟起」的可怕狀態，千數百年之後，讀之猶令人毛骨竦然。現在滇緬交界地方，猶未能脫離曩昔的陰森景象。所以避瘴癘毒蟲說，確有其可信的理由。

其次、避猛獸說，也有可信的理由，西南中國是虎豹出沒之區，棚居離開地面，所以避免這類猛獸的傷害。這一說當然不是出於憑空杜撰。

最後、禁忌說雖然沒有確實的迹象可指，也仍不能說沒有牠的理由，前兩種說法是就自然環境觀察所得，後一種說法可謂爲由自然環境所影响於人而起的一種迷信。並不指明某一種原因，總之，居住地面認爲不祥，認爲足以招致災害，不祥與災害的由來，則認爲有不可思議的鬼物作祟，惟有離地則可以避免。這種說法，本來不堪置信，但研究過初民宗教信仰的人，誰都相信初民確有這種解釋。

上述種種說法，都是就西南中國的柵居來說的，此外，還有外國學者就一般的或東南亞洲的柵居來說的。茲舉述兩個對於柵居有研究的學者的見解如左：

（1）舒爾茲的見解：

『關於柵居的目的和意義，有多種意見。事實上，因爲地板離開地面，可利用於各方面，已中切一部分眞理。既可防止地板的潮濕，防止大雨之後偶然的汜濫，防止不合衞生的蒸氣和低飛的昆蟲麕集，已足以解答這種可注意的建築方式。並且對於猛獸或敵人的襲擊，柵居不像地居的屋那樣暴露，尤其在淺水建築的柵居，對於偶然的侵襲可保安全。關於舒適方面，又復殘餘棄物不至堆積於地板上或直接堆積於茅舍門前，而可以從地板的罅隙拋擲出，隨水飄流，或陸上的柵居，則被晚上託庇於其下的犬豕作爲飼料』（四五）。

這是指一般柵居的作用，已相當詳盡。至於就東南亞洲的柵居立言的，則又有：

（2）海尼。革爾丹 (Robert Heine-Geldern) 的見解：

「柵居是東南亞洲一種合宜的建築法式，自不能置疑，在諸多利益之中，首先要說的是防止雨季地板的極度潮濕，其次是防止毒蟲野獸。其建築在水中的，由於高出水面，在陸地建築的則由於在地面燃起熏出濃烟之火，可能防止蚊蟲；又其次爲更清潔；爲建築於崎嶇之地能輕而易舉，否則地面必須作範圍廣濶的塡積或挖掘；爲在地面上對於家庭工作有凉快通爽的空地；最後則爲在許多情形中可以防止敵人的襲擊」（四六）。

統觀上述，柵居的作用，可謂列舉無遺，我以爲在諸多利益之中，防止地板的潮濕，十分重要，潮濕固然使人不能居，同時潮濕也是瘴氣的泉源，瘧蚊的淵藪，東南亞洲受雨季的影響，往往一年之中，連續幾個月天不放晴，土地潮濕到什麼程度可想而知，在原始文化征服自然的能力極爲薄弱時期，惟有離地而居是適應環境之一法。所以民族學家如什密特（W. Schmidt）柯柏斯（W. Koppers）輩，雖爲播化論者，亦仍認爲居近多水而事實上卑濕之地爲較近似發生的動機（四七）。換言之，柵居的主要作用就在這裏，其他避毒蟲猛獸，防敵人侵襲，當然也是柵居的優點。似乎不是最初的目的。

四、柵居的分布與傳播

1. 巢居柵居的分布及其關係

巢居的分布地區，主要為東南亞洲，海洋洲及南美洲，東南亞洲除西南中國不計外，印度南部雅哥(Jagor)的哥尼卡拉(Konikarar)人，極南端拉彼克(Lapicque)的曼道威(Mandower)人，又尼爾歧利(Nilghiri)山脈東部的伊勞拉(Iraula)人，阿薩姆(Assam)的加羅(Garo)人亦俱有之。中南半島，印度尼西亞(Indonisie或Innulinde). 巴布亞(Papouasia)亦有之，在南美洲則科隆比(Colombie)太平洋海岸的綽科(Choco). 阿特拉托(Atrato)河下游，馬拉開善(Maracaïbo)灣西部的摩提隆尼斯(Motilones). 俄楞諾克(Orenoque)河口的瓜拉烏諾(Guarauno)以及巴西、秘魯、布利維亞交界的阿馬豪阿卡(Amahouaka)亦無不有之(四八)。

至於柵居的分布，亞洲，海洋洲，南美洲，歐洲，非洲皆有之，亞洲以東南亞及其附近海洋島嶼為最密集，此外亞洲西部及西伯利亞亦有之，南美洲則亞馬孫(Amazone)河以北，尤其歧阿那(Guyanes)人中有之，非洲則馬達加斯加(Madagascar)島等處有之。在歐洲則有瑞士及其他地方最著名的「湖居」(lake dwellings or pile dwellings)，此外，英格蘭及愛爾蘭的人造島「克蘭諾」(crannogs) 亦屬於這一類。

從分布的地區來看，巢居與柵居大致相合，所不同的就是非歐諸洲，有柵居而未見有巢居的遺跡。爲甚麼會有這種差異？巢居與柵居兩者有沒有發生系統上的關係？這些是值得注意的問題。

關於兩者發生系統上的關係，有兩種不同的意見。一種是主張巢居與柵居是沒有關係的。意大利學者俾阿蘇特 (Renato Biasutte) 可以說是這種主張的代表，他認定巢居不是某種文化所固有，而是一種偶然的現象。既認爲偶然的現象，自不會有甚麼發生系統上的關係存乎其間。同時他認定與柵居有關係的是地居方形的茅屋。換言之，即是不離地的茅屋與離地的柵居則有發生上的關係，他認定地居方形的茅屋出於柵居，其所持的理由是馬來、巴布亞與亞洲這幾個地方，住茅屋的人，其文化比柵居者爲高，以此爲遞嬗之證(四九)。法國民族學家蒙登東(G. Montandon)雖然對於俾阿蘇特這種見解不表示贊同，但他亦認爲巢居與柵居沒有發生系統上的關係。他在文化民族學專論 (Traité d'ethnologie culturelle) 一書把兩者列在一起，並不是因爲彼此有發生上的關係，而是因爲巢居一般都是方形的緣故(五〇)。

另外一種意見是主張巢居與柵居有發生系統上的關係的，德國的舒爾茲可以說是這方面的代表，他最初謂柵居是否溯源於巢居，難於確定；就現在所可知道的而論，建築在樹頂的平台和屋，新幾內亞不少，不過祗爲要塞和避難所，殆難作爲眞正住宅之用。但他最後則謂關於發展的程序，由巢居而引起典型的柵居，殆無可非議云云（五一）。

我贊同舒爾茲的意見。而仍然覺得有遺憾的是他不敢確說。他所以有這樣的狐疑，則因爲他未曾作歷史的考查。這是西洋民族學界的通病。以爲淺化民族根本沒有歷史，所以對於這方面忽畧了。因爲未曾作歷史的考查，只觀察現在的狀況，再由現在的狀況推想從前的情形，便好像盲人捫象，忖測紛紜，得不到實際的全貌，甚則陷於錯誤，這確是學術上一種很大的缺陷。我們研究社會現象，不探究其由來和變遷則已，如果要說明其由來和變遷的經過，絕不能單看牠的平面，還要看牠的立體，要從時間上作整個歷史的透視。關於東南亞淺化民族及其文化問題，他們雖然沒有歷史記載，但中國人的歷史記載大有資料可尋。中國人對於別個民族的觀察記錄，自古迄今，汗牛充棟，雖或未盡確實可靠，然而我們用整理史料的方法，以現代的眼光判斷，未嘗不可以去僞存眞。就巢居與柵居而論，中國的歷史記載分明告訴我們是西南中國古代最流行的住宅形式。越人和其他西南中國許多民族，根本都是居住這一類住宅的，依山則巢，近水則柵，在唐代以前還兩種並存，後來巢居逐漸爲柵居所替代，揆之文化演進之公例，適者遺存，不適者淘汰，人類文化多數是進步的，後來者居上，其演變遞嬗的層次先後，蓋甚明顯。僚人同時有這兩種形式的住宅，兩者同樣叫做「干闌」，從名稱上觀察，亦不能不深信彼此有親緣遞嬗的關係。

東南亞洲古代干蘭式建築的分布及其傳播路線圖

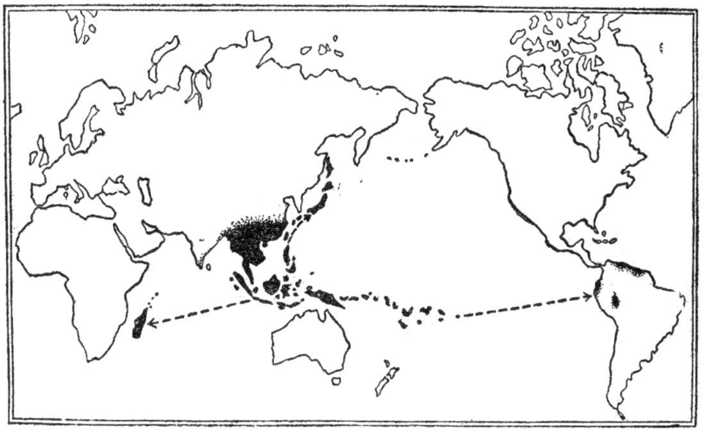

至於這兩種形式的住宅，在世界上分布的地區不盡一致，則因爲兩者傳播的範圍有廣狹，時間有先後，所以不盡相符。還有一種理由我們不能忽視的，就是「干蘭」式建築所用的材料都是植物，植物是不能耐久的，想着從考古學上獲得証據，殊非易事，除非現在仍然存在，或歷史上有記載証明其存在，這種情形，當然不發生什麼問題，假使現在已無遺存，我們不能因此斷定其古代確不曾存在，所以說這裏有，那裏沒有，就現在來說則可，若因其現在沒有而斷定古代也沒有，須經過多方面研究，纔可以確定，譬如廣東現在巢居可以說是絕跡了，誰知道在古代却是非常普遍的呢？

總而言之，有柵居的地方，多數曾有巢居的存在，沒有巢居存在的又有其他原因或未能證實，因此我認定巢居與柵居有發生系統上的關係，同時巢居並不是一種偶然的文化現象。

2. 東南亞的柵居文化中心及其傳播

我們環顧東南亞洲各個民族的住宅，可以見到有各種類型，因爲生活方式不同，大別之，可分爲兩類。一類是可移動的，如遊牧民族的帳幕是。一類是固定的，如農耕民族的住宅是。在固定者之中，其建築的質料與形式，又有種種不同，我已經說過，漢族的住宅，從歷史上所見的是版築的土屋，黃河流域盛行這一類的建築，中國西部藏緬族的羌人，其住宅的建築材料與形式又與漢族的不同，其不同並不自今日始，由來已久，據范蔚宗後漢書西南夷傳述汶山郡冉駹夷的住宅稱『衆皆依山居止，累石爲室，高者至十餘丈，爲「邛籠」』。李賢注：『按今彼土夷人呼爲「雕」也』。莋都夷居處略與汶山夷同，是屬於同一類型。清初入蜀典試的王士禛在其所寫的遊記隴蜀餘聞中亦稱『松潘建昌諸蠻，所居皆累石爲之。高者至八九層，人居其上，牛豕居其下，名曰「雕樓」』。是則漢代的「邛籠」，卽唐以後的「雕」或「雕樓」，殆無疑義，可以說自古以來，沒有多大更變。始於何時，難以確指，王氏又引樂資九州記謂碉樓乃夷人效諸葛武侯所作石樓而建造（五二）。這一種不可信據的傳說，與諸葛武侯創製銅鼓之事相類。我們假使把視野擴展起來，很容易辨別這一說的眞僞，事實上亞洲除東南部以外，西南部差不多都是累石爲高樓以居，那麼與諸葛武侯又有什麼關係?明費信星槎勝覽載忽魯謨斯(Ormuz).剌撒(對音未詳，其地大約在阿剌伯半島，)阿丹(Aden)等地的民居都是石砌，往往三四層，高四五丈，足徵這是另外一種文化，顯然與羌人的雕樓有關係。蒙登東氏曾注意到石建築的普遍，因而認爲新舊女族長文化圈的住宅都是石(carré)的。他又見到新女族長文化圈除石房屋之外，還有柵居，又不得不承認柵居是牠的特色(五三)。其實兩者不能混爲一談，各代表一種文化。東南亞洲自長江流域以南，印度以東，是柵居文化分布的區域，可以看出一個相當顯明的輪廓。

至於東南亞洲柵居文化的中心是在什麼地方？奧國學者佛羅(F. Flor)主張在華中，他說『無論如何，考古學上亦可能証實新石器時代柵居文化的遠古心中是初時較潮濕的華中區域』(五四)。赫爾曼斯(P. Matthias Hermanns)更引經據典說明這種忖測的可能性。他說：

『書經中中國最古的地理學禹貢說明這樣的區域在相當著名的揚子江中游與下游。這裏羅布着大的湖澤彭蠡和震澤，流出九條江或九條支流；其次爲雲夢澤。所有這些地方，明言曾爲潮濕之區，可能爲佛羅所假定之柵居者的居地』(五五)。

中國考古學尙在幼稚時期，對於這種假定尙缺乏實證，但稽諸載籍，仍信其有可能。

我們知道古越人的分布地區是在楊子江中下游以南，三苗之國，左洞庭而右彭蠡，這個區域爲遠古柵居文化中心，當然非毫無根據的推想，不過缺乏確實証據，可以不必斷然肯定，我個人的意見認爲遠古柵居的中心，與其說是華中，毋寧擴大一點，說是東南亞洲沿海地區，較爲確當。

東南亞洲沿海地區，除西南中國以外，中南半島亦屬之，南洋羣島仍可說是亞洲大陸的一部分，所有動植物與中南半島大多相同，不過因爲地殼變動，有一部分下沈而爲海水所淹沒，從文化言，與東南亞洲大陸是不可分的。這些地方的文化，特別是遠古文化，可以構成一個文化圈。柵居的分布最密集的就是在這個圈裏。

關於西南中國以南一帶的巢居與柵居，中國載籍向來不乏記載，除梁書南史海南諸國林邑傳，新唐書訶陵傳所述的「干欄」，水經注所述文狠人的依樹止宿，以及蠻書所記裸形蠻的「擖欄」，在在給我們以明証之外，其他著述，或得諸目覩，或得自口傳，其流存至今，可以用來作歷史考查的仍不少，玆爲簡明起見，擇要彙錄如下附表：

地名 中文	地名 西文	住宅特徵	著者及書名	附考
賓瞳龍	Panduranga Phanrang	以葵蓋屋木作柵護	宋趙汝适諸蕃志卷上賓瞳龍國條	按宋周去非嶺外代答作賓瞳朧元馬端臨文獻通考作賓頭狼汪大淵島夷志畧作賓童龍
崑崙山	Poulo Condore	人無居室而食山果魚蝦居樹巢	明費信星槎勝覽前集崑崙山條	此據中山大學覆印天一閣本按馮承鈞校注本及紀錄彙編本俱作穴居樹巢穴之穴字應爲衍文
扶南 眞臘	Kamboja	海邊生大箬葉長八九尺編其葉以覆屋人民亦爲閣居 官民悉編竹覆茅爲屋百姓之家止草蓋瓦片不敢上屋	蕭子顯南齊書卷五八扶南傳 諸蕃志卷上眞臘國條 元周建觀眞臘風土記	扶南左思吳都賦作夫南義淨南海寄歸內法傳卷一作跋南其西文對音無可考 Aymonier 與 Pelliot 俱主張扶南與眞臘同爲一地在今東埔寨與下南圻眞臘之西文對音亦未詳

暹羅 Siam	
民庶房屋起造如樓上不通板郤用檳榔木劈開如竹片樣密擺用藤扎縛甚固上鋪藤簟竹席坐臥食息皆在其上 土夷乃散處水棚板閣蔭以茭草無陶瓦也沿溪樓閣羣居	
明馬歡瀛涯勝覽暹羅國條 明黃衷海語卷卷一暹羅條 清陳倫炯海	

新唐書卷二二二南蠻傳稱眞臘一曰吉篾本扶南屬國眞臘風土記眞臘國或稱占臘其國自稱曰甘孛智西番經曰澉浦只明張變東西洋考卷三作東埔寨明史於甘孛智一名以外又引有甘破蔗甘武者甘菩者等稱其對音應爲 Kamvuja 或 Kamboja

		時有樓臺下臨水際國無城郭民居皆板屋王居則以瓦覆其上臨水爲之	國聞見錄 清謝清高海錄卷上	
滿剌加	Malacca	房室如樓閣之制上不鋪板但高四尺許之際以椰子樹劈成片條稀布於上用藤縛定如羊棚樣自有層次連牀就榻盤膝而坐飲炊廚灶皆在其上	瀛涯勝覽滿剌加國條 按星槎勝覽前集及東西洋考卷四所述亦略同	滿剌加東西洋考卷四作麻六甲並謂古稱哥羅富沙
單馬令	Tambralinga	屋舍官場用木民居用竹障以葉繫以藤	諸蕃志卷上單馬令國條	汪大淵島夷志略作丹馬令
丹眉流	Sri Dhammaraja Ligor	其俗以版爲屋	宋史卷四八九丹眉流國傳	Pelliot 交廣印度兩道考謂丹眉流似爲嶺外代答卷二諸蕃志卷上及宋史同卷別見之登流眉其地在馬來半島南部此說似有未妥既同

				一地諸蕃志與宋史兩書何必分別紀述又馮承鈞諸蕃志校注以宋史之丹眉流即諸蕃志之單馬令讀音相近馮說可信
三佛齊	Srivijaya	人民散居城外或作牌水居鋪板覆箄喜潔淨故於水上架屋	諸蕃志卷上三佛齊國條　島夷志略三佛齊條	按三佛齊義淨大唐西域求法高僧傳作室利佛逝新唐書卷二二二下及册府元龜卷九七一亦作尸利佛誓又或簡稱佛逝或佛誓宋史卷四八九作三佛齊明史卷三二四謂三佛齊古名干陀利義淨大唐求法高僧傳亦稱之爲金洲爲蘇門答剌大國
舊港	Palembang	其餘民庶皆在木筏上蓋屋居之用椿纜拴繫在岸水長則筏浮不能淹沒或欲於別處居者	瀛涯勝覽舊港條　按星槎勝覽前集及張燮東西洋考卷三舊港條明	舊港爲三佛齊之圖都諸蕃志稱爲巴淋馮瀛涯勝覽亦謂番名浡淋邦舊港之名始見於島夷志略

		則起椿連屋移去不勞搬徙	史卷三二四三佛齊傳俱大略與此同	
蘇門答剌	Sumutra	其屋如樓高不鋪板但用椰子檳榔二木劈成片條以藤扎縛再鋪簟高八尺人居其上高處亦鋪閣柵	瀛涯勝覽蘇門答剌條	按瀛涯勝覽謂蘇門答剌即古須文達那島夷志略作須文答剌明史卷三二五有蘇門答剌傳復重出須文達那傳
爪哇	Java	國人住屋以茅草蓋之居民環接編茭葦葉覆屋	瀛涯勝覽爪哇國條星槎勝覽前集爪哇國條	宋書卷九七稱闍婆婆達大唐求法高僧傳卷三作闍婆舊唐書卷一九七作訶陵新唐書卷二二二下又有社婆
新拖	Sunda	架造屋宇悉用木植覆以椶櫚皮藉以木板障以藤篾	諸蕃志卷上新拖國條	馮承鈞諸蕃志校注謂其地在爪哇西部
蘇吉丹	Supadana	仝右	諸蕃志卷上蘇吉丹條	諸蕃志校注謂其地在爪哇中部
渤泥	Borneo	王屋覆以貝多葉民舍覆以草	諸蕃志卷上渤泥國條	樊綽蠻書卷六文獻通考卷三三二宋史卷四八九俱作渤泥

島夷志略及明史卷三二五俱作渤泥

從右表所鈎稽中國過去載籍之文，很可以見得南洋各個民族的住宅巢居柵居和浮宅三種都有存在，而且非常普遍。古代如此，現代亦還有存在，本來不止這些地方，大抵有些未曾見或司空見慣，視爲尋常，故未曾特別記錄。

由這個地區向東南方面一帶海島傳播到達美拉尼西亞 (Melanesia) 遠至聖克盧斯羣島 (Santa Cruz) 以南，新黑布利提斯 (New Hebrides) 以北。

至於南美洲方面，是不是由這東南一支傳播過去？雖然缺乏地區連續或連續傳播的證據，但未嘗無可能。我們知道除了柵居以外，有許多文化元素足以證明彼此有關係的。魏斯勒 (Clark Wissler) 研究美洲土人織物的形式，曾發見舊大陸與新大陸的秘魯，其技術相同。舊大陸的織法，有許多淵源於南亞。魏氏因爲見得地區不連續，認爲出於兩個中心（五六）。事實上我們併合其他文化元素觀之，不能不承認與柵居的傳播出於同一路向，克勞福德 (M. D. C. Crawford) 研究秘魯的織物，又指出其染色方法與馬來羣島一致（五七）。秘魯巴西的蘆笙與美拉尼西亞的有同樣的音階（五八），南美洲土人將烟葉和殼灰同嚼，分明仿效美拉尼西亞及東南亞嚼檳榔的習慣，最特別的莫如「吹管」，爲馬來羣島的一種特殊武器，蘇門答剌，婆羅洲以及菲律賓羣島，現在都還普遍應用，在爪哇昔日用牠，現在則已廢棄了。在美拉尼西亞（新不列顛）亦曾有發見，西南中國有之，馬達加斯加 (Madagascar) 亦有之。在新大陸則亞馬孫森林印第安人 (Amozon Forest Indians) 歧阿那 (Guiana)，西印度羣島 (West Indies)，甚至合衆國東部，紐約的伊洛魁人 (Iroquois)，無不有之（五九）。假使不是出於傳播，便不會有這麼多的巧合。這些文化元素一定是和巢居柵居等構成一個原始的文化特質叢體由東南亞洲向新大陸傳過去的。

現在再討論向東北傳播的一支，這一支可以說是東南亞洲海岸的島嶼直向東北傳播，經台灣，琉球而至日本，並且有連續傳播的迹象可尋。

台灣在明朝以前稱爲「流求」，或寫作「琉求」，「留仇」，「流虬」，「瑠求」，元汪大淵島夷志略始作「琉球」，明以前所謂「流求」，概指「台灣」，隋書卷八一流求國傳稱其人『或依茂樹起小屋』，依樹起屋可想見其爲巢居。據海尼基爾丹調查研究的結果，台灣的住宅有三種形式：（一）石建的平地建築 (der ebenerdige Bau)，這種形式最占優勢，（二）穴居 (das in die Erde versenkte Haus)，從地下挖掘洞穴而成。（三）柵居 (der Pfahlbau)，柵居早時僅西部平原現在殆已消滅的一部分民族有之，現在山居的民族亦仍有此，但非普通人家居住而爲特別用途的，如未婚者之居及倉庫 (Junggesellen= und Vorratshäuser)，仍然是這種形式（六〇）。足證台灣確曾有柵居存在，不過逐漸變遷淘汰而至消失而已。

再由台灣傳至日本，亦有顯明的迹象可尋，日本人的住宅差不多全部都建於一個架上，而由打入地下的木樁來支持，木樁雖然不大看得見，分明爲一種變形的柵居，至於蝦夷的住宅又與日本人不同，其牆壁垂直的柱則直接打入地中（六一）。從日本房屋的結構看來，無疑是柵居的變形。這種推想並非無根據的。因爲日本古代有形似柵居的建築物存在。日本的民族學家鳥居龍藏調查西南中國的淺化部族的住宅，曾有這樣的報告：

「雲南省東部（粤江上游），以不乏樹木，故使用木材者多，據余在臨安府彌勒州附近之觀察，房屋之形狀爲長方形，四壁皆用圓長之木組合，上塗以土，其形狀恰與日本古代之「校倉」無異，室內之構造分爲二層，樓下共計三室，一爲工作室，二爲廚房兼儲物所，其三爲畜舍，屋頂傾斜甚急，以茅葺之，並交叉「千木」以遮風，房舍之前方，設「校倉」狀之小舍以飼豚，遠望此種房舍，頗有日本之古風」（六二）。

可知日本古代的房屋根本和東南亞洲的柵居同一形式。這種相同，並非偶然，鳥居氏只見到彼此形式的相似，並未研究所以相似的由來。這殆由於他只作現狀的觀察，未嘗作歷史的透視，考陳壽三國志魏志倭人傳所載倭人的文化，正與班固前漢書地理志所載珠崖儋耳的文化相同，陳壽於敘述倭人的文化之後，加上「所有無與儋耳珠崖同」的斷語。范蔚宗著後漢書，成書較晚，大抵襲取魏志倭人傳之文，見得倭人的文化與儋耳珠崖的逼肖到這樣的程度，又不明瞭地理位置及其距離，所以誤下論斷，謂「其地大較在會稽東冶之東，與珠崖儋耳相近，故其法俗多同」。范氏這種論斷雖然令人可笑，倭人的文化與海南島的文化在遠古彼此酷肖則是無可否認的事實。所以如此，無疑是由傳播而來。然則日本爲什麼有栅居？其「校倉」爲什麼與西南中國的住宅相似？由此我們可以明瞭其原因所在。

至於非洲的栅居，可以說是由另外一西南支傳播而起，我們知道德奧播化學派如格累培納（F. Graebner）輩由弓的研究早已證明海洋洲與非洲的文化關係（六三）。而馬來人移殖於馬達加斯加島，亦爲人類學上共知的事實（六四）。從歷史上亦有明證可稽。馬達加斯加，阿剌伯人稱爲 Komr，葡萄牙人稱爲 Saint-laurent 島，阿剌伯著作家耶德力西（Edrisi）一一五四年的記述，稱「Komr 人及 Mararadja（即爪哇）國商人至其地（非洲東岸之 Sofala）貿易，其地土人遇之頗善」。十三世紀阿剌伯著作家賽德（Ibn Sa'id）亦明言馬達加斯加島已爲馬來羣島人移居之地。又顧脫（Couto）稱「爪哇人昔曾航行至好望角（Cap de Bonne-Espérance）並與 Saint-laurent 島東岸交通，此島有身褐色及爪哇化之多數土人，自言爲爪哇人之後裔」。馬良諾（Luiz Marianno）神甫一六一三年遊馬達加斯加稱「此非洲大島人民，確爲外來移民，有自來滿剌加（Malaka）者，有來自非洲東南之卡夫累利（Cafrerie）者」。又安德拉德（Manuel Freire de Andrade）亦稱「Saint-laurent 島之土人，爲蘇門答剌西岸阿欽（Atchin）移民之後人，初抵地在此島東岸」。又那伽 (Nacquart) 及弗拉姑 (Flacourt) 亦謂「馬達加加島斯之祖先名 Ramini 或 Raminia（按卽蘇門答剌男女之意），彼等來自東方，惟憶其地有二港，其一名 Manguelor 或 mangaroro 其一名 Mangadsini」，前一港在蘇門答剌北部，後一港在馬來半島南端，這些都是歷史方面關於馬來人移殖於東非洲之傳說，斑斑可考者（六五）。此外，在語言方面，馬達加斯加語可以歸入馬來羣島西部語言系統，而十二世紀的瓜哇語與馬達加斯加語，較之今日兩地語言更爲接近，依阿剌伯著作家耶德力西所記，當時兩地語言，彼此可以通曉，其接近之程度可想而知（六六）。由此可以證明馬來人移殖於馬達加斯加不特是事實，而且時間很早。

因此，馬達加斯加島的住宅都是方形的，和非洲一般的住宅都是球形的茅屋 (Kugel-hütten). 有顯著的差別。然同是在一島之內，仍有不同。在島內部的建築物，則以硬土爲建築材料，在海岸地帶則用植物；在西岸爲地居建築，在東岸則爲離地的柵居(六七)。這殆表示幾種文化混在一起。

至於非洲西岸的人，有時作爲集會或工作的場所 (Versammlungs=oder Abeits-hallen), 喜歡搭蓋樁柵的「天遮」(Schattendächer), 這和球形的住宅顯然不同，大抵是受柵居的影響而起（六八）。

3. 東南亞洲柵居與歐洲湖居關係的探索

根據佛羅氏的意見，中國的柵居是新石器時代的文化，至於歐洲的湖居也是新石器時代的文化。兩者有沒有關係，確是值得注意的問題，據估計瑞士的湖居開始於紀元前四〇〇〇年（六九）。英國的「克蘭諾」最早不能在青銅器時代以前，而且有許多屬於克爾特 (Celtic) 後期及羅馬不列顛 (Romano-British) 時代，最著名的格拉斯吞柏利 (Glastonbury) 湖居村落，曾經發見有許多克爾特後期文化的遺物（七〇）。關於湖居的起源，柴爾德 (V. G. Childe) 在其所著歐洲文明的發軔 (The Dawn of European Civilization, P. P. 244-245) 認爲阿爾卑地帶及其他歐洲地方的湖居，淵源於波羅的海岸馬格爾摩斯 (Maglemose) 的文化，馬格爾摩斯人及其在布拉班蘭 (Brabrant) 的遺裔以及在荷爾得尼斯 (Holderness) 的親族，現仍用一種木筏作爲臨時住所，因此柵居的始源，不必在歐洲以外尋求云云。但是從別方面看，我們知道新石器時代歐洲湖居人栽種大麥、小麥、黍等植物，家畜則有綿羊，山羊等動物（七一）。此等動植物在中國古代早已有之，當然不能說彼此間沒有關係（七二）。還有一點值得注意的是瑞士湖居人用玉和玉石來做工具及裝飾品，這類玉和玉石似乎出自內土耳其斯坦(inner Turkistan)（七三）。中國老早即已用玉，從這一點來看，似乎更加深彼此間的關係。不過這種關係是怎樣構成？限於華北抑或限於華南？這類文化元素的關係是否可以說明柵居也同時傳播？則在在有探討之必要。

首先論到大麥，據布累斯泰德 (J. H. Breasted) 的引證，一九〇六年在巴勒斯坦 (Palestine) 的赫蒙 (Hermon) 山發見野生小麥，這種麥俗名 emmer, 學名 Triticum dicoccum, 東方遠至塞格羅斯 (Zagros) 山脈的基爾曼沙 (Kermanshah) 山道，現在仍可見有野生種，這種麥與普通栽種的小麥學名 Triticum vulgare 的不同，如同 emmer 栽種的變種不同於野生者然，但有一件値得注意的事是：野生的 emmer 與野生的大麥並生一處，初民知道利用兩種種子栽種之時，因爲見得牠們在一起，同時把兩者種起來（七四）。不管現在的小麥是否起於 emmer 的變種，巴勒斯坦同有野生的大小麥，推定這一帶是原產地，由這裏傳播於東亞與歐洲，當然是很合理的，其次，瑞士湖居人的綿羊和山羊，也是古代東方 (ancient Orient) 的變種，和中歐當時未受馴養的綿羊山羊不同（七五）。這也同樣證明是由東方傳過去的。中國所以有這類動植物，恐怕是西來的時候，連同一齊來。

近東的東西，可以傳到中歐和遠東，遠東的東西自然也可以間接傳到中歐，玉的傳播，當然並不希奇，柏利 (J. B. Bury) 曾告訴我們，希臘亦曾發掘出綠玉（七六）。遠東與歐洲的邃古時代文化關係，自不容許隨意抹煞，惟是有一點我們不應忽視的，就是這類的關係，似乎只限於華北，尤其限於西北部，西方所傳過來的大麥、小麥、黍等植物和馬、綿羊、山羊等動物，代表北方的原始經濟，西南中國原始經濟上特色的動植物，則是水牛和稻。這兩種東西是東南亞洲的地理環境最適宜的特殊產物，據舒爾茲的意見，「稻可能是一種古代印度的作物，並且接近牠的還有幾種穀類，如：Eleusina和Amarantus等」（七七）。但據發利斯 (W. D. Wallis) 的見解，則以稻的傳播中心是在中國，南洋的稻作是由中國輸入的（七八）。姑勿論其原產地爲印度抑或中國，說稻是東南亞洲最主要的農作物是不會錯的，稻的種植與水牛有密切關係，東南亞洲地方卑濕，深耕以犂，非水牛之力不能勝任，普通黃牛 (ox, boeuf, Rind) 的馴養，其開始可能在亞洲西部（七九）。水牛 (buffalo. buffle, Büffel) 的分布，依照蒙登東的說法，雖由意大利 (Italie) 至巽他羣島 (iles de la Sonde) 及南中國俱有之（八〇）。但其馴養的始源地並不是同在亞洲西部，而是在亞洲東南部，舒爾茲謂「在印度尼西亞現在這樣重要的水牛，最初取黃牛的地位而代之，其事可信，然其馴養似較晚，且不過爲黃牛飼養的一種仿效」云云（八一）。其始源地果否爲印度尼西亞。容許有討論的餘地。現在南印度文化最低淺的托達人 (Todas)，專以畜牧水牛爲生，其家畜僅有水牛和貓（八二），而蒙登東氏亦謂印度復有野水牛，其馴養發生於印度很有可能（八三）。究竟始於何地，雖仍屬忖測之詞，未能確指，然就大範圍而言，稻作與水牛同產生於東南亞洲，殆無疑義。

至此，我們可以討論原始文化叢體和牠的特質，雖然從功能的觀點來看，這一類的文化特質，並不見得完全有彼此互相依倚的關係，但各自構成叢體，則無可否認的。華北種大小麥和黍並畜養馬綿羊山羊的民族，他們所住的屋是一種版築，華北沒有柵居的痕迹。我認爲這一類的特質構成華北的文化叢。西南中國種稻畜水牛的民族，他們的住宅大多數是柵屋，這類的特質和其他風俗習慣又構成西南中國另一原始文化叢，華北的文化不論直接間接與歐洲湖居人的文化有關係，似乎並不能因此證明柵居的文化與歐洲湖居的文化亦有關係。

再從深一層來看，我們可以假定稻水牛與柵居屬於不同的文化淵源和層次，假定稻和水牛是屬於新近的上層，如克虜伯的想像一樣，但仍然沒有其他實證證明舊的下層文化的聯繫（八四）。

關於文化關係的研究，我們知道德奧播化學派曾經提出兩種最重要的標準，一是質或形的標準 (criterion of quality or form)，一是量的標準 (criterion of quantity)（八五）。此外，還有兩種輔助的標準，即連續的標準 (criterion of continuity) 與親緣關係程度的標準 (criterion of degree of relationship)（八六）。拿這類的標準去量度歐洲湖居與東南亞洲柵居的關係，我現在尙未能找尋出資料來作說明。大抵居住於卑濕的湖澤旁邊，除利用椿柵的離地建築，再沒有更適合自然環境及原始簡陋條件的別種住宅。

五、柵居的變遷與殘存

1.東南亞洲柵居所受外來文化的影响

文化變遷，可能由於本身固有的與外鑠的兩方面原因，固有的原因，是就文化本身的逐漸變異而言，外鑠的原因，則指外來文化的影响。起於前一種原因的，變遷的速度不大，變異的程度亦很有限；起於後一種原因的，其變遷的速度與變異的程度可以很快很大，然亦視乎在接觸涵濡中兩種文化本身壓力的大小而定。任何文化，其本身都有可塑性 (plasticity) 與抵拒力 (Repulsion). 前者使牠可以變遷，後者使牠不易變遷，兩者相反，抵拒力大，則可塑性小，可塑性大，則抵拒力小，抵拒力的大小，又視乎其文化堆積的厚薄，這是社會文化變遷的通則，柵居的變遷，當然沒有例外，東南亞洲的柵居，其變遷很顯明是受到印度、中國、和西洋文化的影响，東南亞洲尤其沿海一帶，從歷史上看，可以見得有幾種文化在發生着作用，最初是印度的文化，其開始早在兩千年以前，印度宗教輸入爪哇，遠在耶穌紀元之初，由印度科羅曼得爾 (Coromondel) 海岸的殖民輸傳過來，印度文化影响於馬來羣島的，不單是宗教，其他如臺地耕種，人工灌漑、建築、雕刻、文字、君主政治，鐵的利用以及其他高等文化元素，亦由印度輸傳過來，中國文化影响於南洋，當亦甚早，惜歷史上無明文可稽，漢書卷二八地理志只記述自日南障塞徐聞合浦航行經都元國（馬來半島），邑盧沒國（緬甸沿岸），諶離國（伊洛瓦底江沿岸之Sillah），夫甘都盧國（緬甸之蒲甘），而至黃支國（即建志補羅，今之Conjeveram）的航程，並謂「民俗與珠崖相類」。對於詳細情形，雖缺乏記錄，足徵紀元前一二世紀，中國人確已至南印度，毫然疑義，隨中國人足跡所經，中國文化對於南洋最早即已發生影响，十一世紀初，阿剌伯商人出現於蘇門答剌沿岸，旋即傳教於爪哇，一四四三年征服巴查查鑑（Pajajaram）王國（即現在爪哇之 Pasuruan），一四七八年又征服馬查培忒（majapait)王國，(近現在爪哇之 Surabaya)，於是回教徒的力量，取印度人的地位而代之，同時又建立若干小獨立國，使印度文化輸入爲之遏止，阿剌伯商人挾他們的宗教與俱東，就大體上言，穆罕默德教十四世紀傳播於馬來半島與蘇門答剌，十五世紀及於爪哇、婆羅洲、西里伯(Celebes)，雖缺乏直接證據證明其更深入海洋洲，但間接由馬來人的傳播，美拉尼西亞亦受影响，則爲無可疑之事，阿剌伯人除輸入宗教以外，仍有其他文化元素，如法律、火藥等，都是人們所熟知的（八七）。惟阿剌伯文化對於馬來羣島建築方面，則似無若何重大影响。十六世紀以後，葡萄牙、西班牙、荷蘭、英國相繼東來，南洋羣島盡爲瓜分宰割，法國又復占領越南，西洋文化之東漸，其影响之大，尤爲後來居上。

我們明瞭這個區域文化交流的歷史，可以進而觀察外來文化對於柵居所發生的影响：

並且一個原始的文化層再鋪上幾層的文化，其所產生的結果，供給我們文化變遷研究的實例：

上面我已經說過，東南亞洲柵居文化的邊緣，到達印度，在印度東南布累馬浦特拉(Brahmaputra) 河流域的卡特沙利 (Katschari) 人，依照其整個民族誌的狀況，極有可能曾經建築其住宅於樁柵之上，可是現在沒有這種形式的住宅了。又阿含(Ahom)人從歷史方面亦可證明是這樣，在第十六世紀，其人尚住柵居，現在完全印度化以後，則建泥土牆基的屋，並且往往以搗碎的泥土或石築成的下層建築來代替木柱的支架。又卡西 (Khasi)人的建築物，建於一個石支架 (Steinunterlage) 之上的，亦要歸諸印度的影响，因爲其住在邊鄙復有親緣關係的部族，大部分仍是柵居的。又曼尼浦爾 (Manipur) 印度化的邁泰 (Meithei) 人，其泥土牆基的住宅也是同樣情形。在印度尼西亞，印度的建築法式與本地的柵居混合，亦產生類似的形式，因此爪哇中部與東部的爪哇人，尤其是羅姆菩克 (Lombok) 的薩薩克 (Sassak)，其住宅建立於有時像人高的外面以大石包鑲的泥土牆基之上，也是由印度影响所致（八八）。這些都是受印度文化影响，使柵居變遷的實例。

晚近數百年來，南洋一帶，直接受西洋人的統治，歐化的影响，使柵居改變更速。我們知道在荷蘭統治下的東印度羣島，荷政府下令廢止有害的獵頭行爲，同時令柵居須改爲獨家的平地住宅，在紐幾內亞也是如此，依照麥克格累哥爾 (Mac Gregor) 的報告，摩累斯俾(Moresby)港東邊的圖浦塞來亞(Tupuseleia)村的居民，早時一帶都是柵居，在英政保護之下，現在海濱平地的住宅已經鱗次櫛比了(八九)。又據哈頓(A. C. Haddon)的調査，該爾(Gaile)海上柵居的村落，本來建築於灘岸約四分之一哩的裾礁之上，經政府的鼓勵，已有一部分房屋改爲建築於岸上(九〇)。又如滿剌加人(Molukken)，在塞朗(Ceram)海岸的，其皈依基督教，照例連同改柵居爲平地建築。在西里伯島北部的密那哈薩(Minahassa)，其情形亦如此(九一)。這些都是受西洋文化的影響，使柵居改變的顯例。歐洲人利用政治宗教的力量，或強廹，或鼓勵勸導，其變遷的速度更大。

但是有一件事不容忽視的，這就是卽使受外來文化的影響，其所產生的結果，並不是各地一致，因本地文化抵拒力的大小而有差異，例如緬甸的柵居，並不完全改爲平地建築，牠排拒印度的影响，同時也排拒歐洲的影响，其地最壯觀的木建的寺院(die prächtigsten Klöster in einer Holzarchitektur)，其形式可以溯源於印度的石和磚建築，但仍然用木樁來做支柱，或用磚柱來代替木樁建成，依然不改爲平地建築(九二)。這就是表示本地柵居的文化對外來的文化抵拒力強，卽使受影响而有所改變，仍不能完全依從外來的形式。

由上述各地的例，我們可以見得東南亞洲柵居的變遷，與受印度和西洋文化的影响有關。

至於西南中國方面，柵居的變遷，則受漢化的影响，下文分別加以論述。

2. 廣東干蘭的變遷及其殘存

西南中國，因爲漢化逐漸南暨，其原始文化跟着逐漸變遷，浸漬日深，區域日廣，有歷史上的事實昭示我們，用不着我們推想臆測的。漢化先由黃河流域發展及於長江流域，再及於珠江流域，其趨勢由西北而東南然後至於西南，先平原而後及於山地，凡是研究過中國民族文化發展史的人，差不多都是具有同樣的見解，因爲歷史的事實具在，並有年代可稽，不容許我們否認的，我們明瞭了漢化發展的過程，便可從而了解西南中國柵居文化的變遷。

上面已經說過，從種種迹象來觀察，長江流域以南，在遂古時代，應有柵居文化存在，但因爲漢化的緣故，有許多地方已無遺跡可尋，除非考古學上的發見，或可供給我們以實證。但是，在蛻變未久的地方，假使我們細心探考，未嘗不可以發見牠的殘存跡象。「殘存」(Survival) 是民族學上進化論派研究社會文化變遷所得的一種概念，指文化原素在演變過程中所遺留而失去了意義的或象徵的殘型，這種概念是馬克楞南 (J. F. Mclennan 所提出來的，他說，『不論什麼地方，我們觀察得象徵的形式，我們推想：在使用着牠們的這個民族的過去生活中，有那些相當的眞實事物存在，是不會錯的』(九三)。誠然，從殘存的形式，來尋究其古代的存在，的確是一種有效的線索。惟是有許多殘存的迹象，假使不從旁的證據，得到其古代存在的暗示，又何從而了解牠們是殘存？所以决定牠們是否爲殘存，仍要從多方面來觀察。

像廣東是一個接受中原文化比較遲的地區，但牠又比廣西雲南貴州等省爲早。至於接受西洋文化，則比他省爲獨先。現在的廣東，尤其是廣州，民殷物阜，車水馬龍，高樓大廈，連雲摩空，鱗次櫛次，其建築的材料，則爲鋼筋士敏士，其粉飾藻繪，則五色繽紛，絢爛眩目，其形式則方圓隨意，高下殊形。誰都想不到在千多年前，這個地區普遍是「干闌」式簡陋的樓居，誰都想不到在今日還可找尋出牠的遺跡。但是載籍具在，有明文可考，殘痕隱然，有實證足徵，我們稽諸往古，驗以當今，古今如何變遷，情況瞭如指掌。我們從上面所引樂史太平寰宇記關於竇州以及戴璟廣東通志關於高州柵居的記載來看，最低限度可以證明廣東西南部從前是流行「干闌」式的建築，其實就我研究所得的結果，知道「干闌」式的建築，並不限於廣東西南隅，凡越人所在的地方，亦卽是「干闌」式建築流行的地方。越人的分布，據漢書卷二八下地理志注『自交趾至會稽七八千里，百越雜處，各有種姓』。我們所習知的越又稱百越，有於越、甌越、閩越、南越、駱越、山越、揚越等稱，其分布地區，大體上與漢書地理志注之說合，越人住「干闌」，晉張華博物志第一，有很明白的記載：

「南越巢居，北朔穴居，避寒暑也」。

據顧炎武的說法，現代的僮人，卽舊越人（九四）。現在的僮人仍居「麻欄」，更可說明舊越人是居同類的住宅，並足以證明張華之說無誤。固爲漢化逐漸南被，使原來越人的文化亦隨着逐漸變遷，棚居巢居逐漸消滅，大抵到了晉代，東南沿海地區的越人，除深山窮谷以外，多已被漢人同化了，南越仍然保留其固有文化深濃的色彩，並不是南越單獨巢居之謂，我們知道最初接受漢化是荊蠻，史記吳太伯世家載太伯仲雍跑到荊蠻，文身斷髮，左哀公七年傳，子貢對太宰嚭之問，更謂其「贏以爲飾」。史記趙世家又謂「黑齒雕題、却冠、秫絀、大吳之國也」。當時吳國所統治的荊蠻，根本與越人同俗。其次越王勾踐之越，其人也是斷髮文身，史記趙世家亦謂「剪髮文身，錯臂左衽，甌越之民也」。風俗習慣，彼此相同，史實斑斑可考。謂古代長江流域以南，文化相同，有徵可信，其他文化元素相同，其住宅當然不能例外，不過書缺有間而已。廣東北阻五嶺，接受中原文化較遲，至晉朝仍然保留原始文化深濃的色彩，並非奇事。考晉書卷五七陶璜傳晉朝初年陶璜上晉武帝疏稱「廣州南岸周旋六千餘里，不賓屬者乃五萬餘戶，及桂林不羈之輩，復當萬戶，至於服從官役，纔五千餘家」。由此可以證明當時兩廣所統治的老百姓，差不多都是半受羈縻半居化外的蠻族。陶璜在吳孫皓時爲交州牧，對於交廣情形，至爲熟悉，非得自傳聞者所可比，陶璜對於他們的住宅雖未有述及，但我們有後來的紀載，可供我們作說明，太平御覽卷七八五及太平寰宇記卷一六四俱引南朝宋沈懷遠的南越志稱，「晉康郡夷人曰「僚」，其俗栅居」。晉康郡，今廣東德慶縣，夷人居栅，可以證已。又南齊書第六州郡又稱：

「廣州鎮南海，濱際海隅，委輸交部，雖民戶不多，而俚僚猥雜，皆樓房山險，不肯賓服」。

南齊書這種記載，所說民戶少及蠻夷不受統治的情形，堪與陶璜所述相比照無二致外，還透露出住宅是什麽形式，所謂「樓房」，就是「干蘭」，中國古籍往往稱「干蘭」爲「樓居」，新舊唐書南平僚傳俱稱『人並樓居，登梯而上，號爲「干欄」』，足以爲證。黑苗住「干蘭」式住宅的，又稱爲「樓居黑苗」或「黑樓苗」，我們試檢田雯的黔書，李宗昉的黔記之類，便可知道。

這種樓房是用什麽材料建築的呢？我可以肯定的說完全是用茅草竹木搭蓋的，因爲當時還沒有瓦，也不曉得製瓦，沒有泥或磚的牆壁，也不曉得版築，這類技術，到了唐代以後，經過多次的教導纔懂得，我見過幾種著述都是這樣說（九五），起初我還不大相信，經過多方面研究之後，不容許我懷疑，反對於這種偶然的發見，覺得很有趣味。

最初把中原版築的技術和製瓦的方法傳到嶺南來，是唐玄宗開元間做廣州都督的宋璟（九六）。據唐張說張燕公集卷十二廣州都督嶺南按察五府經畧使宋公遺愛碑頌述宋璟蒞任後的政績稱：

「雖有文身，鑿齒、被髮、儋耳、衣卉、麵木、巢山、館水，種落異俗而化齊，言語不通而心喩矣，其率人版築，教人陶瓦，室皆斲堊，晝遊則華風可觀，家撤茅茨，夜作則災火不發，棟宇之利也自今始」。

「巢山館水」，是「干闌」式建築的特色。「率人版築，教人陶瓦」，很顯明是教督當時的人把木椿改爲泥牆，把茅草的上蓋改爲瓦。版築不能用於「干闌」，自然變爲平地的建築，雖然寥寥數語，已經透露給我們許多寶貴的消息。舊唐書卷九六宋璟傳對於宋氏這種功績亦有述及，惟甚簡單，只說：

「廣州舊族，皆以竹茅爲屋，屢有火災，璟教人燒瓦，改造店肆，自是無復延燒之患，人皆懷德，立頌以紀其政」。

未曾說及「率人版築」之事。但明言「廣州舊族，皆以竹茅爲屋」。所謂「舊族」，可能是「舊越人」，或越人化的中原移民。姑勿論是什麼人，當時通通都住茅草搭蓋的棚居，則爲無可疑者。

積習相沿，不易驟改，經過宋廣平的教督，雖然有華風可觀，恐怕只限於很小很小部分，並不見得將整個社會改觀，唐德宗建中初年，杜佑做嶺南節度使的時候，仍然「塗巷陿陋，燎埃接連」。時常有火災，杜佑開闢大衢，疏析廛閈（九七）。足證宋廣平的教督，未有怎樣大的收效。同時德宗貞元中李復爲廣州刺史兼御史大夫嶺南節度觀察使，亦有勸導百姓變茅屋爲瓦舍之舉（九八）。唐憲宗元和初，楊於陵爲嶺南節度使，「辟韋詞李翺在幕府，咨訪得失，教民陶瓦，易蒲屋以絕火患」（九九）。自宋璟到這個時代，差不多一個世紀，廣州還是保持着那種茅茨的樓房，因仍舊習，可見當日嶺南並不是很容易接受中原的文化。至於山椒水湄，窮鄉僻壤，更不用說是依然如故，實際上歷宋元明清以迄晚近，除了都市城鎮外，廣東西南部偏僻的角落，仍可見到古代「干闌」建築的遺跡（一〇〇）。

這樣可以證明在唐宋以前「干闌」式建築不特存在，而且相當普遍，因爲受中原文化的影响，逐漸改觀，千數百年來，本地文化在外來文化影响之下，色彩由濃而淡，由淡而微，幾至於不復能辨認。海尼革爾丹說得很對：

「中國文化的影响，不特使安南人，而且使一部分苗、傜、力些及住近漢人區域的泰人放棄其柵居，而此等民族的其他部分，則仍保留着它」（一〇一）。

我們試瞭望西南中國各部族的住宅，分區比較，由近而遠，不難辨別變遷遲早，廣東接受中原文化比較廣西、雲南、貴州等省爲早，現在已經幾乎至於無「干闌」遺跡可尋，至於接受中原文化更比廣東早的地區，雖遼古時代，「干闌」式建築與廣東一樣流行，時至今日，便很難有殘跡可尋了。

廣東現在雖然在漢化西洋文化交相遮蔽之下，我們細心考查，仍可發見古代「干闌」

遺留的殘迹，玆分述如下：

（一）名稱的殘存　我們考察廣東現在的社會，很容易見到有許多與別不同的商店，都是叫做「欄」的，如柴欄、杉欄、穀欄、糖欄、果欄、魚欄、菜欄、豬欄、雞欄、鴨欄之類，不一而足，再加上一個專有名稱，便成爲這種商店的招牌，杉木欄、漿欄、舊豆欄且成爲現在廣州市街道的名稱，所以如此，就因爲昔日杉欄、漿欄、豆欄都集中在那些街道上。

商塲所謂「欄」，其性質與一般商店不同，多半是代人寄貯和發售上述這一類貨物的。普通又叫做「欄口」，譬如一個商人由遠道運載上述這類貨物入市塲發售，一時滯銷，或一時因市價過低，不願銷售，就把貨物寄貯到「欄口」去，那裏對於市價漲落，隨時有消息，如果願意出售，「欄口」便代爲發售，取佣錢以爲報酬。這是一種代爲寄貯發售的商戶叫做「欄」。

一種又是未必代人寄貯發售貨物，而是私人經營的買賣，所賣的貨物也是原始時代以來的日用必需品，如柴、杉木、鮮魚之類，也叫做「欄」。

又一種是畜養猪牛的塲所，未必是做買賣的，通常是用「木欄」關住，爲牛猪棲止的所在，也叫做「欄」，在農家裏面隨處可以見到，就其性質而言，無疑是「干蘭」或「麻欄」脫變而來，但考中國古代，似乎老早已稱家畜棲止的所在做「欄」，如晏春秋『牛馬老於欄牢』，可以爲證，考中國古代畜牛的地方本叫做「牢」，養馬的地方則叫做「廐」。

晏子春秋爲什麽「欄牢」並稱？是否受到南方民族的影响？其中的關係緣由，一時尚無從考索，於理此應出自南方民族。又上述防止家畜逃越的「木欄」，亦以「欄」名，這雖然是一種器具，而不是一所房子，當然彼此有聯帶關係。

我們把廣東現在稱爲「欄」的場所，加以分析研究，很容易發見符合這個名稱的若干特殊條件。從結構上言，所謂「欄」，一般上雖不是離地的建築，但仍保持原始的簡陋；論性質又爲貯藏原始時代已見於應用的日用品或工具的場所，或爲飼養家畜的地方。假如說不是「干欄」的殘餘，便無此巧合，亦無從解釋。

（二）功能的殘存　東南亞洲柵居流行的地方，都有公所的存在。據克虜伯研究的結果，男子公所或臥室 (men's clubs or sleeping houses) 是印度海洋洲文化 (Indo-Oceanic culture) 元素之一（一〇二）。事實上，不單是男子有之，成年或到達結婚年齡的男女亦各有之（一〇三）。上文所述「羅漢樓」、「馬郎房」、「欄房」、以至於貝青喬苗俗記的「竹樓」，都是未婚男女的公所。

西南中國的禮俗，婚前男女戀愛，絕對自由，女子在「做後生」時期，與異性交遊，爲禮俗所許可，尤以歲時季節，華裝艷服，聯群結隊，公開與男子歌唱聚會，視若故常，婚後卽歸寧母家，節日始返，信宿又去，直至懷孕生子，始與夫正式同居，卽有子後始作「欄」另爨，組織獨立家庭，這種風俗在廣東仍有留存，最顯著的爲順德一帶所謂「不落家」風俗，因爲「不落家」，他們的姊妹輩必須有一個聚會的所在，於是有所謂「姑婆屋」，這種屋可以說是女子公所，也卽是古代女子公所的遺型，在形式上已經不是樁柵建築，但仍保有原始的工能。形雖不存，意義與作用仍在。

(三)技術的殘存　廣東隨處都可見用竹篾杉木等材料搭蓋的棚，這種棚多數是臨時性質，很少作爲永久的住所，在廣東南路一帶，鄉人建醮或演戲，其所搭蓋的棚，更是一種離地的樁柵建築，儼然古代的「干欄」。這種技術，在社會上成爲專業化，不論縣城市鎭，都有經營這種專業人。假如我們推究其由來，當然出於古代的「干蘭」建築。

廣東比之黔桂等省，漢化較早，本地原始文化變遷的程度較大，然就住宅方面，仍然可以找尋出這類變遷後的殘痕。

3. 其他西南各省干蘭的變遷與殘存

現在廣西、貴州、雲南等省，假如拿來和廣東比較，顯見牠們保留原始文化的色彩深濃得多。在山川阻深，林木叢密的地方，依然還保存着代表類型的柵居，固不待言，卽在窮鄉僻壤中，甚至通都大邑中，雖沾染漢化，仍隨在可見原始柵居的遺跡。

流行於川、黔、滇、桂等省建築，最普遍的莫如「竹織批盪」，其建築的方法，首先搭起一個原始型的木支架，然後編竹或槿或木爲垣，塗以灰土，牆壁看來好像是磚牆，實際上是柵居的變相，論技術當然比較從前進步，研究其所以然，毫無懷疑是蠻漢文化混合所起的結果。

尤其惹人注意的，是家畜的放置問題。因爲受漢化的影响，現在西南各省已經有許多由樓居而變爲地居。改爲地居之後，原來居樓下的牛豕，不得不另想方法來處置，於是乎有許多地方把畜欄移到屋側或屋的後面去。但亦有不把畜欄移置的，其處置的方法是：在臥室的底下，穿一大與室等的深穴，把家畜放在穴裏，種種色色，不一而足。

又有牆壁已經改變成磚砌的，依然保留昔日樓居的習慣，上居人下居畜，臭穢薰蒸，一如往日。假使我們把各地差別的情形彙集起來，依地區排列，不特可以發見文化交流混合變遷之跡，還可以尋繹出許多原理。

我們研究社會文化，欲獲得深切的了解，必須利用史地學的方法，從橫的方面作地理的瞭望，探求其空間的分布與彼此間的關係；從縱的方面，作歷史的透視，探求其時間上的變遷，這是我試用這種方法研究西南中國原始宅「干闌」的結果。

附註

（一）按魏書卷一〇一僚傳本闕。目錄考證謂雜採李延壽北史等書補綴成之，非完璧云云。雖非魏收原文，但諸書記載相同，不失其資料上價值。

（二）晉書卷一二一李勢傳：「初蜀土無僚，至此始從山而出，北至犍爲梓潼，布在山谷」，與華陽國志相較，僅增損一二字，顯爲襲取華陽國志之文。又李石續博物志卷三引寗國論之文「蜀中無僚，犍爲德陽山谷中獠獠而出」。亦有類似處。寗國論著者爲誰，何時人，無可考。至於續博物志的著者李石的時代問題，頗多異說。四庫全書總目提要卷一二七子部小說家類三謂舊本題晉李石撰。但百子全書本又題唐隴西李石撰。據提要考証，李石實爲宋人

（三）本文所引蠻書爲琳瑯秘室叢書本。今後漢書南蠻傳無此文，疑有脫漏。

（四）戴璟嘉靖廣東通志爲海內孤本。原爲徐信符先生所藏，現歸國立北平圖書館。

（五）義淨南海寄歸內法傳卷一云，「南至占波，即是臨邑」。可以爲證。

（六）馬司帛洛（Georges Maspero）。著占婆史，馮承鈞譯本頁二馮譯序，及馮承鈞著中國南洋交通史頁六八、八五。

（七）見馮譯占婆史頁三，及西域南海史地考証譯叢頁一四二。

（八）可比較拙作僚族研究，民族學研究集刊第六期。

（九）見同右。

（一〇）「按文狼」亦作「文郎」。明安南無名氏越史畧卷一稱「周莊王時嘉寧郡有異人焉，能以幻

術服諸部落，自稱雄王，都於文郎，號文郎國」。又十九世紀阮朝所撰之欽定越史通鑑綱目前編亦稱「雄王建國，號文郎，都峯州」。

（一一）伯希和交廣印度兩道考，馮承鈞譯本頁四七。

（一二）伯希和扶南考馮承鈞譯史地叢考續編頁一二三。

（一三）按古今逸史本桂海虞衡志無此文，茲從馬端臨文獻通考卷三二八四裔考轉引，今本桂海虞衡志有脫文。

（一四）按小方壺輿地叢鈔本苗俗記將獞與僚互易，與諸書所見不合，今特爲改正。

（一五）見 Lowie, R.H. History of Ethnological Theory, PP. 138-139.

（一六）按 J.Deniker 在其所著 Les races et les peuples de la terre, P. 471 謂由台灣生番的體格及其若干習慣觀之，使吾人想起印度尼西亞人，maison commune ou "palankan", 就是他所舉風俗習慣之一，氏在此書英文本 The Races of Nan, Mew edition, P. 391 將 Maison commune 譯爲 house in common' 即中文「公所」之意。

（一七）Max Schmidt, The primitive Races of Mankind, trans, by Alexander K. Dallas, 1926, P. 343.

（一八）willi Ule, Die Erde und ihre Völker, Ed. II, S. 328.

（一九）見徐松石著粵江流域人民史二〇六頁及泰族僮族越族考一九頁。

（二〇）見 D'Ollone 等所編的 Langues des peuples non chinois de la Chine, P. 116.

（二一）見徐氏粵江流域人民史二〇五頁。

（二二）Dodd, W. C., The Tai Race. PP. XVI—XVII.

（二三）禮記禮運「夏則居橧巢」，釋文謂本作「增」。又作「曾」。按淮南子原道訓「木處榛巢，水居窟穴」。是則「橧巢」又作「榛巢」。

（二四）Breasted, J. H., The Conquest of civilization, P. 131.

（二五）據學海類編本宋朱輔溪蠻叢笑稱「仡佬以鬼禁，所居不著地，雖酋長之富，屋宇之多，亦皆去地數尺，如省民羊柵，杉葉覆屋，名「羊棲。」」按陸次雲峒谿纖志及羅繞典黔南職方紀畧卷九俱有同樣記載，惟「羊棲」俱作「羊樓」，未知孰是。

（二六）Günther, A. E., Totem: Tier und Mensch im Lebenszusammenhang, S. 204.

（二七）按馬端臨文獻通考卷三三八引范成大桂海虞衡志之文，亦與周去非嶺外代答同，其文不見於今本桂海虞衡志，茲特引周氏書。

（二八）Max Schmidt, l. C. P. 343.

（二九）見 Heinrich Schurtz, Urgeschichte der Kultur, S. 434 所引 Brooke Low 之文。

（三〇）劉錫蕃嶺表紀蠻四六至四七頁。

（三一）Schurtz, H., l. C. S. 436.

（三二）按費信所著星槎勝覽前集舊港條其文亦同，惟多訛舛，又明張燮東西洋考卷三舊港條亦云「其餘民悉架室木筏上，以木樁拴閘，水長則筏浮起，不能沒也，或將別居，則起樁去之，連居移徙，不勞財力」。明史卷三二四三佛齊傳所載亦差不多。

（三三）宋趙汝适諸蕃志卷上三佛齊條稱「其人民散居城外，或作牌水居，鋪板覆茅」，所謂「作牌水居」，當即指浮宅而言。覩趙氏的記載，散居城外的可能同時又有柵居。元汪大淵島夷志略三佛齊條則甚簡略，僅云，「喜潔淨，故於水上架屋」，幸有宋明兩朝的記載，否則不知所指的是柵居抑或是浮宅。

（三四）Schurtz, l. c. S. 435. 按馮承鈞海錄注頁四一呢是條下注云：「蘇門答剌西岸諸島土番與蘇門答剌北部內地之 Battak 部落相近，此 Battak 即瀛涯勝覽星槎勝覽著錄之花面王國或那孤兒部落。

（三五）Max Schmidt, l. C. P. 343.

（三六）Kroeber, A. L., Anthropology, P. 489.

（三七）見趙汝适諸蕃志卷上單馬令國條，單馬令汪大淵島夷志畧作丹馬令，馮承鈞諸蕃志校注云「據一九二五年十一月十三日 Coedes 致巴黎亞洲協會報告書主張單馬令即是昔日 Nagara Sridharmaraja，今之 Ligor.」地在馬來半島南部，又伯希和著馮承鈞譯交廣印度兩道考頁七五至七六謂宋史卷四八九之丹眉流，似爲嶺外代答卷二諸蕃志卷上及宋史同卷之登流眉，而丹眉流亦爲 Ligor，登流眉是否爲丹眉流雖不可知，丹眉流與單馬令同爲一國，似較可信。

（三八）見明馬歡瀛涯勝覽暹羅，滿剌加，蘇門答剌等國條。

（三九）見蕭子顯南齊書卷五八扶南傳，按歐陽修等新唐書二二二下扶南傳作「楮葉」。

（四〇）分見趙汝适諸蕃志卷上各條，按蘇吉丹乃爪哇中部地。又按 Friedrich Hirth and W. W.

Rookhill, Chau Ju-kua, P. 70 譯「椶櫚皮」爲 bark of the coir palm, 而 P. 71 注 2 則云 "Nipa palm, not coir palm, leaves are usually used by the Malays for thatching" P. 158 渤泥國條譯注 2 亦云 "Nipa palm leaves probably, not palmyra palm" 若兩氏所注無誤，則「椶櫚皮」與「貝多葉」皆爲「尾巴葉」之訛，因 nipa palm 卽諸蕃志蘇吉丹條的「尾巴樹」。

(四一)見費信星槎勝覽前集爪哇國條。按原文本作「茭樟」。茲從馬歡瀛涯勝覽占城條，爪哇條，暹羅國條，滿剌加國條，榜葛剌國條作「茭蔁」。依伯希和著馮承鈞譯鄭和下西洋考一一四頁，其對音爲 kajang 關於茭蔁，馬歡書滿剌加國條有描述。據云『海之洲渚岸邊，生一等水草，名「茭蔁」，葉長如刀茅樣，似苦筍，殼厚，性軟，結子如荔枝樣，雞子大，人取其子釀酒，名茭蔁酒，飲之亦能醉人。鄉人取其葉結竹細簟，止闊二尺，長丈餘，爲席而賣』。茭蔁的用途甚廣，除其葉覆屋，織席，其子釀酒之外，馬書爪哇國條又謂『無紙筆，用茭蔁葉以尖刀刻之』，暹羅國條並謂其葉做傘。占城條謂其葉爲冠。可知此種植物的作用甚多。廣東沿海漁民有一種篾織物，寬長各數尺，成長方形，其中夾以茭葉，用以蔽雨遮陰的，亦叫做「茭蔁」，想其名稱必由南洋傳來。「茭蔁」之名，早已見於元周達觀眞臘風土記，十三世紀中國人已知之。

(四二)劉伯奎著馬來人及其文化一二七頁。同書一三一頁注云，『「亞答」爲南洋一種植物，屬棕櫚科，高約一丈五尺，嫩葉可做羅角草(煊案：「羅角」爲馬來語 roko 的對音，卽煙草，土人取「亞答」嫩葉捲煙草，故名。) 老葉蓋屋。』又云『炎柴，喬木，肉赤色，非常脆而堅，砂勝越(Sarawak 婆羅洲西北部地)出產此木」。我常懷疑大楮葉、葵、貝多葉、葵蕈葉、亞答葉，都是指一種東西，因時因地以及因觀察者不同而異名，亦即 Hirth 與 Rockhill 所指的 nipa palm。

（四三）Scott, Sir George, "Among the Hill Tribes of Burma—Ethnological Thicket" The National Geographic Magazine, vol, XLI, 1922, P. 313。卡倫尼原文作 Karen-ni。

（四四）雍正廣東通志卷五一風俗言廣東瘴氣，謂「瘴有四候，青草黃梅瘴於春夏，新禾黃茅瘴於秋冬。皆草木之氣，挾蛇蟲惡螯蒸鬱而成，深山菁林之中，香花瘴尤酷。木樨開時，山嵐氣隨之而發，行者聞異香出林，味如桂菊，毒易中人。近海州郡，地氣稍舒，風濤變動，諸瘴少作，唯山澤間蓬蓬勃勃，鬱結如火不散」。

（四五）據 Schurtz, Urgeschichte der Kultur, S. 433, 之文迻譯。

（四六）據 Georg Buschan 所編的 Die Völker Asiens, Australiens und der Südseeinceln, S. 816, Heine Geldern "Rassen und Völker der Südseeinseln" 之文迻譯

（四七）Schmidt, W., und Koppers, W., Völker und Kulturen, erster Teil, Gesellschaft und Wirtschaft der Völker. S. 576,

（四八）根據 G. Montandon, Traité d'ethnologie culturelle, P. 297.

（四九）Renato Biasutte 的主張見 Enciclopedia Italiana 1929 氏所寫 "Abitazione" 一文。

（五〇）按 Montandon 在其所著 Traité d'ethnologie culturelle, P. 297, La demeure sur les arbres

用括弧說明 "à ranger ici parce qu'elle est géneralement quadrangulaire''. 其用意顯然在乎表明巢居與其下文的柵居沒有什麼關係，不過因其在一般上為四角形，故把牠列在一起。

（五一）據 Heinrôch Schurtz 在 Urgeschichte der Kultur, S. 433 稱 "Ob die Pfahlbauten auf Baumwohnungen zurückgehen. ist kaum mehr mit Sicherheit festzustellen. So viel sich gegenwärtig erkennen lässt, werden die in den Wipfeln hoher Baume errichteten Plattformen und Häuser, an denen es namentlich in Neuguinea nicht fehlt, nur als Festungen und Zufluchtstätten betrachtet, dienen aber kaum als wirkliche Wohnungen (Baumhaus in Kaiari, Britisch-Südost-Neuguinea). Dauernd bewohnte Pfahlhäuser ruhen immer auf Pfosten, die in den Boden gerammt sind, wenn auch gelegentlich ein passend stehender Baum mit benutzt werden mag und von einer Entwickelungsreihe, die vom Baumhaus zum typischen pfahlbauten hinüberführt, kann keine Rede sein.''

（五二）王士禎隴蜀餘聞引樂資九州記謂卭州沈黎縣即武侯征羌之路，每十里作一石樓，令鼓聲相聞，今夷人效之，所居悉以石為樓，此碉樓之始云云。此種記載不可信。

（五三）Montandon, l. c. p. 87.

（五四）按 F. Flor 在其所著 Haustiere und Hirtenkulturen, Wiener Beiträge I. Wien, 1930, S. 127 謂 "Yedenfalls ist es auch archäologisch wahrscheinlich zu machen. dass das uralte Zentrum neolithischer Pfahlbaukulturen die früher mehr feuchten und sumpfigen Gebiete mittelchinas waren.'' 此說與我所研究的結果相差不遠，惟未知究何所見而云然。

（五五）見 P. Matthias Hermanns, Vom Urmenschen zur Hochkultur, Chinas Ursprung und Entwicklung, S. 292.

（五六）Dr. Clark wissler 在所著 The American Indian, P. 60 曾舉出 "as to forms of weave, we find the same techniques as in the Old World, even to the pile and gauze.'' "Outside America, the known weaves can mostly be traced to southern Asia; hence it is peculiar that we should have two disconnected world centres of textiles and that each should develop the same techniques.1' 謂兩個中心發展同樣的技術，這種文化並行論是不能令人置信的。

（五七）Crawford, M. D.C., "Peruvian Textiles,'' Anthropological Papers, American Museum of Natural History, Vol, 12, pt. 4, 1916, P. 153.

（五八）Wissler, l. e. p. 147.

（五九）Elliot smith, The Diffucion of Culture, PP. 200—201.

（六〇）Buschan, G. (ed.), Die Völker Asiens, Australiens und der Südseeinseln, S. 818

（六一）Montandon, l. c. PP. 87, 298.

（六二）鳥居龍藏苗族調查報告國立編譯館譯本二五七至二五八頁。

（六三）詳見 F. Graebner, Kulturkreise und Kulturschichten in Ozeanien, Zeitschrift für Ethnologie, XXXVII, 1905; Die melanesische Bogenkultur und ihre Verwandten,

Anthropos. IV, 1905.

（六四）Max Schmidt, l. c. P. 342.

（六五）費瑯 (Gabriel Ferrand) 崑崙及南海古代航行考馮承鈞譯本一二四至一二五頁。

（六六）亦見費瑯同右書一二六頁。

（六七）參考 Montandon, l. c. P. 298

（六八）參考 Schurtz, l. c. S. 432.

（六九）Kroeber, A. L., Anthropology, P. 434.

（七〇）James, E. O., An Introduction to Anthrŏpology. P. 91.

（七一）關于歐洲湖居所發見的遺物，R. Munro 所著的 The Lake Dwellings of Europe 紀述頗詳，如亞麻、陶器、光滑的石鑿、箭鏃、刀、鎚、碾穀器具等俱有發見。又 Jacques de Morgan 所著 L'Humanité prelhistorique, P. 168 亦稱有金屬器、獨木舟、網索碎片等。

（七二）關于兩方面的關係，H. Schurtz, Urgeschichte der Kultur, S. 254—255 及 A. L. Kroeber, Anthropology, P. 463. 早有所討論。

（七三）Kroeber, l. c. P. 473.

（七四）Breasted, J. H., The Conquerst of Civilrzation, P. 47. footnote.

（七五）Breasted, l. c. P. 29.

（七六）Bury, J. B., History of Greece, P. 10.

（七七）Schurtz, l. c. S. 255.

（七八）Wallis. W. D., An Introduction to Anthropology, P. 144.

（七九）Schurtz, l. c. S. 264.

（八〇）據 George Montandon, Traité d'ethnologie culturelle, P. 559. "Le buffle, qui, comme animal domestique, se rencontre de l'Italie aux iles de la Sonde et à la chine meridionale, remplase le boeuf avec avantage dans les régions marécageuses et rend de grands services pour l'agriculture des rizieres du Sud—Est de l'Asie."

（八一）Schurtz, l. c. S. 624.

（八二）據 G. P. Murdock 爲其所著 Our Primitive Contemporaries, P. 112 稱 "With the exception of a few cats, the Todas possess no domesticated animals save their Buffalos".

（八三）Montandon, l. C. P. 182.

（八四）按 Kroeber 在 Anthropology, P. 490 曾提出這樣的一種意見，他說："Rice and fowls for instance are likely to be more recent than skull cult and use of bamboo. The culture may even resolve, when it shall have been analyzed more intensively, into two or more fairly separable strata."頭骨崇拜與竹的利用，較稻作與家禽爲早，此說可信。假定竹的利用與棚居屬於同一文化層，仍與中歐的湖居無若何關係。

（八五）這兩種標準，在 F. Graebner, Methode der Ethnologie, S. 108 ff., 135 ff. 有詳細的討論，可

以參攷。

（八六）關於四種標準的說明，W. Schmidt 的 The Cultural Historical Method of Ethnology, trans. by S. A. Sieber, 1939, PP. 138—161 中述尤爲詳盡。

（八七）參考 H. C. Lowther, Military Report on the Netherlands' Possessions in the East Indies, 1905 P. 7—8; A—L. Kroeber, Anthropology, P. 488—489; Willi Ule, Die Erde und ihre Völker, II, S. 214, 及 G. Elliot Smith, The Diffusion of Culture, PP. 17—19.

（八八）參考 G. Buschan, Die Völker Asiens, Australiens und der Südseeinseln, S. 816—817. Heine—Geldern 之文。

（八九）Schurtz, l. c. S. 433.

（九〇）哈頓 (A. C. Haddon) 南洋獵頭民族考察記呂一舟譯本一七三頁。

（九一）Buschan, l. c. S. 817.

（九二）見同右。

（九三）McLennan, J. F., Studies in Ancient History, P. 5.

（九四）顧炎武天下郡國利病書（四部叢刊影印稿本）廣東下。

（九五）淸汪瑔的松煙小錄（光緒刻本）卷三，及羊城日報所編纂的見聞雜錄卷二都有相同的記載。

（九六）按唐張說張燕公集卷十二廣州都督嶺南按察五府經略使宋公遺愛碑頌有「維唐御天下九十有八載……乃命舊相廣平宋公璟鎭玆裔壤，式是南州」之語，自唐高祖武德元年（六一八）

至玄宗開元三年（七一五）爲九十八年，環當爲是年出鎭廣州。

（九七）參考唐權德輿權載之文集卷十一杜公遺愛碑銘序及新唐書卷一六六杜佑傳

（九八）見舊唐書卷一一二李暠傳下所附李復傳。

（九九）見新唐書卷一六三楊於陵傳。

（一〇〇）據向傳幹廉州府合浦縣民情風俗民事綱目冊稱：「蓋犀搭棚居住者北海最多，高德次之」。傳幹爲淸宣統元年合浦知縣。此乃紀實，可見古代流風未泯。

（一〇一）Buschan, l. c. S. 817.

（一〇二）Kroeber, A. L. l'c. P・489.

（一〇三）按 H. Baudesson 在其所著 Indo-China and its primitive People, London, 1942, P. 229 謂占(Cham)人與印度尼西亞人此種情形相同，女子到達可以結婚年齡，另處一室，已結婚之男子又一室，弱冠的男子未婚者亦如之，足徵此爲東南亞之特殊風尙。